保育士等キャリアアップ研修
マネジメントを中心に全8分野を網羅

園内研修／管理職研修／保育者養成校のキャリア教育

# 保育者のための
# キャリア形成
# マネジメントブック

手応えを実感できる組織的な保育力の向上を目指して

那須 信樹 編著

JN119189

みらい

# まえがき

　保育の現場や保育という職業の魅力を問われた時、みなさまなら何とお答えになられますか。保育者(本書では、保育士、幼稚園教諭、保育教諭の総称として表記)であろうとその管理職者であろうと、実に様々な魅力が語られることになるでしょう。しかしながら、それらの答えをつきつめて考えていくと、保育の現場も職業も"高い専門性"を背景に成り立っているという点につながっていくのではないでしょうか。

　専門性を高めていくためには、「キャリア形成」と「マネジメント」の二つの視点が必要となります。キャリア形成とは、個人が人生において仕事のスキルや経験を身に付ける道のりを考えることです。マネジメントは、組織のメンバー同士の信頼が深まるよう「関係性」を豊かにすることや、チームを活性化させていく働きかけです。このように、個人と組織の両方の研鑽が両輪となって専門性が高められていくと考えます。つまり、チーム全員がそれぞれに意思をもちながら関わってこそ、組織的な保育力の向上の手応えを実感できるようになります。

　そのため、本書の特徴として、対象となる読者を「保育士等キャリアアップ研修」の枠にとどめず、より幅広く見据えています。現在、保育者養成校で学ぶ学生をはじめ初任者からミドルリーダー、主任・主幹、施設長(園長)・理事長等の管理職者を想定しており、少々欲張りな内容構成となっています。

　本書の執筆陣は、保育者養成校で学生を指導したり、全国各地で保育士等キャリアアップ研修や園内研修の講師を務めたりするなど、指導経験の豊富な専門家たちです。著者一同の知見を生かし、保育専門職者(本書では、保育者、管理職者の総称として表記)としてのキャリア形成により自覚的になること、そのための具体的な手がかりとなる基本的な視点について学べる内容を吟味しました。

　本書のもう一つの特徴は、キャリア形成について、学術的・体系的に学ぶというよりは、現場目線で捉えつつ実現性の高い学びを、初任者、ミドルリーダー、管理職者といった段階を意識して提供している点です。とりわけ、第3章から第4章においては、園内研修や各地域で展開されているキャリアアップ研修(「マネジメント」研修分野)等でも活用いただけるよう、対話を生み出し、職員間の関係性をより豊かにしていくワークもたくさんちりばめています。

　まずは関心のある章から読み進めていただき、最終的には保育専門職者としてのキャリア全体を俯瞰しつつ、乳幼児期を生きる子どもに関わる一人一人が、自らのキャリア形成に対して、より意識的・自覚的に取り組んでいくことができるようになることを願っています。そして、この保育職という魅力を、価値を、やがては読者のみなさんと一緒に社会に向けて発信していくことができれば望外の喜びです。

2023年2月　著者を代表して

那須 信樹

# 本書の活用の仕方

## 内容構成とポイント

本書は、「保育士等キャリアアップ研修」のカリキュラムを踏まえつつ、保育者のキャリア形成とマネジメントの学びについて網羅しています。

### ●本書の内容構成

第1部　キャリア形成のための基礎知識

| 第1章 | 保育者としてのキャリア形成とは |
| --- | --- |

**ポイント**
「キャリア形成」と「マネジメント」の基礎知識をやさしく説明します。

第2部　キャリア形成実践のための基本的視点

| 第2章 | 「記録」を活用した「自己評価」ベースのキャリア形成へのまなざし |
| --- | --- |
| 第3章 | 「キャリアアップ研修」をベースとしたキャリア形成へのまなざし |

**ポイント**
厚生労働省「保育所における自己評価ガイドライン（2020年改訂版）」を参考にしながら解説します。

**ポイント**
保育士等キャリアアップ研修の8分野すべての講義を掲載。

| 乳児保育 | 食育・アレルギー対応 | マネジメント |
| --- | --- | --- |
| 幼児教育 | 保健衛生・安全対策 | 保育実践 |
| 障害児保育 | 保護者支援・子育て支援 | |

さらに分野ごとに、受講者のキャリアに応じた学びを提供。

初任者　　ミドルリーダー　　管理職者

第3部　キャリア形成実践のための発展的視点

| 第4章 | 管理職の意識 |
| --- | --- |
| 第5章 | まとめにかえて |

**ポイント**
あまり語られることのない管理職者の学びやキャリア形成についても解説します。

## Work（ワーク）

演習課題の「Work」を園内研修等での学びや対話のために活用してください。表示している所要時間は目安です。研修の状況に応じて柔軟に設定してください。また、「ヒント」は考え方や取り組み方の方向性を示すものです。ぜひ参考にしてください。

## 2次元コード

本書69ページと119ページの「2次元コード」をスマートフォンで読み取ると、図表を大きく見ることができます。

# 目 次

## 第5章　まとめにかえて　159

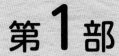

第1部

# キャリア形成のための
# 基 礎 知 識

# 保育者としてのキャリア形成とは

　第1章では、「**キャリア**」そのものの捉え方について学びます。保育者としてのキャリア形成の基盤となるその専門性の向上を促し、保障していくことのできる保育施設における組織的な取り組みの必要性を理解していきましょう。

　保育者としてのキャリア形成を支えるものとして、当然のことながらそれぞれのキャリアに応じて求められる（あるいは期待される）**専門性に基づく資質・能力**\*があります。全国にある様々な背景をもつ保育施設において、一律にその専門性の中身を規定することは、現実的に難しいことはよく承知しています。しかしながら、保育の質の向上を見据えたチームとしての取り組みを怠る組織には、これから厳しい時代が待っていることも事実です。一定の職位（職階）と職務内容、それに応じた職責や処遇を明確にしながら、保育者一人一人がそれぞれの組織のなかでのキャリア形成に対する見通しがもてるようにしていく必要があります。

　これらのことを踏まえながら、保育者としてのキャリア形成を促す組織づくりとマネジメントのありようについて考えてみましょう。

---

\*　保育者のキャリアパス（それに応じた資質・能力や研修内容等を体系的に取りまとめたもの）として、全国保育士会「保育士・保育教諭が誇りとやりがいを持って働き続けられる、新たなキャリアアップの道筋について」2017年、全日本私立幼稚園幼児教育研修機構「保育者としての資質向上研修俯瞰図」2006年、保育教諭養成課程研究会「幼稚園教諭・保育教諭のための研修ガイド」2015年・「同Ⅱ」2016年・「同Ⅲ」2017年・「同左Ⅳ」2018年・「同左Ⅴ」2019年等が存在する。

# 第1節 保育者としてのキャリア形成を促す組織（園）づくりとマネジメント

## 1 キャリアとは

　「**キャリア**」の原義は、車が通ったあとに残る車輪の跡である「轍（わだち）」です。そこから、人がたどる経歴を意味するようになりました。日本には「キャリア」という用語に相当する捉え方や概念はありませんでした。海外から日本に紹介された際、職業上の経歴を高め競争に勝って前進することを「キャリア」と呼んでいた時代背景があったため、「キャリア」は、個人が職業上たどっていく経歴を指すというイメージが定着しました。し

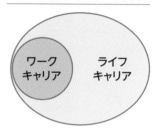

◆ 図表1-1
**ワークキャリアとライフキャリア**

出典：筆者作成

かし、近年では職業だけでなく、家庭生活や地域社会における活動など、生活全般において生涯にわたり果たす役割や経験の積み重ね、生活の向上を意味するようになりました。職業上の経歴は**ワークキャリア**と呼びます。そして、ワークキャリアを含む、人生における多様な役割を含めた「生き方」全体は、**ライフキャリア**と呼びます（図表1-1）。また、「**キャリアパス（Career path）**」は、文字通り「経歴の道筋」を指し、組織において新しいポジションや役職につくための順序や道筋を意味します。

　2004（平成16）年以降、小学校以降の学校教育においてキャリア教育が行われています。中央教育審議会の「今後の学校におけるキャリア教育・職業教育の在り方

◆ 図表1-2　ライフキャリア・レインボー

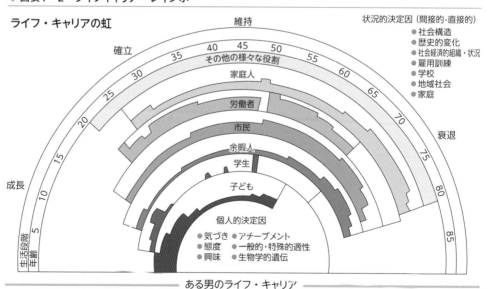

「22歳で大学を卒業し、すぐに就職。26歳で結婚して、27歳で1児の父親となる。47歳の時に1年間社外研修。57歳で両親を失い、67歳で退職。78歳の時妻を失い81歳で生涯を終えた。」D.E.スーパーはこのようなライフ・キャリアを概念図化した。

出典：文部省『中学校・高等学校進路指導資料第1分冊』1992年

について（答申）（平成23年1月31日）」では、「人が、生涯の中で様々な役割を果たす過程で、自らの役割の価値や自分と役割との関係を見いだしていく連なりや積み重ね[1]」がキャリアであると定義しています*1。

キャリア研究者で心理学者のドナルド・スーパー（Donald E.Super）は、キャリアを役割と時間から捉え、**ライフキャリア・レインボー**（図表1-2）という図で表現しています。人は「子ども・学生・余暇人・市民・労働者・家庭人・その他の様々な役割」の7つの役割を場面に応じて使い分けたり、複数の役割を演じたりしていて、また人生と共にその割合も変化すると説明しています。

＊1　学校教育におけるキャリア教育のその後の動向としては、2017（平成29）年の小学校学習指導要領改訂に伴い、児童一人一人のキャリア発達を促すキャリア教育の充実を図るため、2022（令和4）年に「小学校キャリア教育の手引き」が改訂されています。

## 2　保育者のキャリア形成のために必要な取り組み

保育者は、「自己評価に基づく課題等を踏まえ、（中略）必要な知識及び技術の修得、維持及び向上」（保育所保育指針第5章）が求められます。また、経験を重ねていくと、人材育成やリーダーシップなど、組織のなかで保育以外の新たな役割を担うことも求められるようになります。しかし、ライフステージ（人生における段階・時期）によっては、家事や妊娠・育児、介護等、プライベートとの両立の難しさを感じるようになるかもしれません。これら保育者が仕事を継続していく上での課題の解決は、保育者個人の努力に頼るだけではなく、保育所が組織の課題として取り組まなければなりません。

組織に求められる取り組みは、たとえば、以下のようなものです。

### ①キャリアパスの明確化

保育の質の向上に向けた課題に組織的に取り組み、計画的に各保育者が必要な知識及び技能を身につけられるように、組織的な専門性向上への取り組みが求められます。具体的には、それぞれの保育者が自らの職位や職務内容等に応じて、組織のなかでどのような役割が求められているかを理解し、必要な力を身につけることかができるようにするために、キャリアパスの明確化とそれに合わせた研修体系の構築が必要です。

### ②園内研修・外部研修の確保

園内研修の充実を図り、日常的に保育者が主体的に学ぶことのできる環境を整えることや、必要に応じて外部研修への参加の機会が確保されるようにすること、研修で得た知識及び技能を組織内で共有し、園全体の保育の質と専門性の向上につなげていくことなどが求められます。保育者の専門性の向上の機会を確保することは、保育の質の向上にとって必要不可欠です。それらは自身の今後に見通しをもたらし、結果として保育者が職場に定着しやすい環境整備となります。また、保育者以外の職員も計画的に研修等に参加し、その専門性の向上が図られなければなりません。

### ③安心して働けるような職場への改善

　職員の勤務時間の改善や有給休暇の取得促進等を進めるとともに、育児・介護休業法に基づく育児・介護休業制度や短時間勤務制度、子どもの看護休暇・介護休暇制度等について就業規則等で整備することが挙げられます。育児・介護休業や短時間勤務中の職員の代替要員の確保等を進め、育児休業制度等を取得しやすい勤務環境づくりや、勤務時間・雇用形態にかかわらず、保育者の技能、経験、役割に応じた処遇とするなどの働き方改革を行うことが求められます。職員が安心して働くことのできる職場の環境改善は、保育者の成長や保育の質の向上に必須です。

### ④キャリアブランクへの対応

　産休・育休後のキャリアパスの明確化や職場復帰支援プログラムの作成をはじめ、生涯、保育士として働ける育児や介護など一人一人の事情に応じた、多様で柔軟な働き方を自由に選択できる勤務環境を整備して、必要に応じて職員も参画しながら改善を図ることが必要です。家庭の事情によりフルタイムで働き続けることが難しくなっても、短時間正社員制度の導入など多様な勤務体系が認められれば仕事を続けることができます。

　結婚や出産を機に離職する場合もありますが、その後復職や再就職をすることもできます。それにより生じるキャリアブランク（キャリアの空白期間）は、他の職種であればマイナス評価につながり、復帰や再就職しても人事考課において不利になります。ブランクを埋めるために、復帰後1年以上要することもあるでしょう。しかし保育者にとっては、子育てや介護などの人生経験は、人間性を豊かにする機会ともなります。

### ⑤リカレント教育への接続

　リカレント教育とは、学校教育からいったん離れたあとも、就労と教育のサイクルを繰り返すことです。リカレント教育により、専門性の向上を目指すこともできます。大学院や保育の勉強会への参加などで学び直しをすることで、仕事で求められる能力を磨くことができます。

◆ 図表1-3　保育の質の確保・向上のための組織（園）づくり

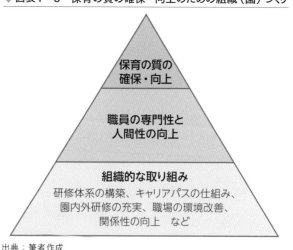

出典：筆者作成

　このように、保育者のキャリア形成を促す組織づくり（図表1-3）を目指したマネジメントが求められています。

# 第2節　専門性向上の土台となる コミュニケーション力

## 1　「関係性」を整える

　**マネジメント**とは、組織の仕組みづくりだけではなく、関係性を整えていくことが求められます。保育とは子どもと保育者、保護者と保育者、保育者と保育者などの関係性で成り立っています。また、チームで仕事をする、保育の質向上や組織の課題に組織的に対応するためには、関係性が土台となります。それゆえ、関係性を築いていくために必要なコミュニケーション力を向上させていく必要があります。

　コミュニケーション力とは、最初から身についているものではなく、経験を通して継続的に向上させていくものです。たとえば、子どもや保護者に伝わりやすい話し方や、相手の話を促す聴き方などは、経験を重ねることで精度が向上していきます。**コミュニケーション**は、誤解が生まれたり、お互いに傷つけてしまうことなど、失敗することもあるという前提をもち、練習を積み重ねることが重要です。劇作家で演出家の平田オリザ氏は「コミュニケーション教育は、人格教育ではない[2]」として、コミュニケーション能力は身につけ、磨いていくことができると言います。

## 2　人の成長には他者の存在が不可欠

　さて、一人一人の保育者がコミュニケーション力を向上していくことで、保育者間の関係性も変化していきます。保育の質向上のためには、保育者間で互いにサポートし合い、育み合う関係性を築いていく必要があります。

　関係性の改善を促進していくために、仕組みを取り入れることもできます。たとえば、**メンター制度**は、新人保育者とベテラン保育者をペアにして、新人保育者の話を1か月に1回30分程度聴く時間をもち、心理的な支援をする制度です。人の成長には、他者の存在が不可欠です。新人保育者のこれまでの成長を共有し、課題を共有し、気持ちを共有し、これからの目標を共有し、進捗を共有することで、メンター制度では、ベテラン保育者が新人保育者の話を聴くことを通して、自分以外の他者の成長に関心をもつようになります。「あなたの成長を組織はサポートしていく」というメッセージを伝えることにもなります。

　フォーマル（公式）な場でより良い関係性を築く機会をつくることで、インフォーマル（非公式）な場での関係性も変化します。たとえば、園内研修や会議というフォーマルな場で相互尊重の対話を経験すると、休憩時間の雑談や仕事以外の時間での会話も、愚痴や誰かの批判が減り、ポジティブなものが増えていきます。

　さて、チームのパフォーマンス向上には、互いにサポートをしようとする関係性と共に、「**心理的安全性**（psychological safety）」が重要です。心理的安全性とは、

組織やチームにおいて職員がそれぞれ気兼ねなく、立場関係なく率直に考えを述べても、恥をかくことも無視されることも非難されることもないと確信している状態です。日々の保育を省察し、保育の質を向上させていくためには、対話が重要ですが、自分の保育が独りよがりや自己満足にならないように、保育者間で率直に伝え合い聴き合うことが求められます。

たとえば、子どもの理解は保育の起点となるものですが、「保育士等が固定的な枠組みをもち、常にそれに照らしながら子どもを捉えようとすることは、一人一人の様々な思いや育ちの可能性を見逃してしまうことにつながる恐れ」があります。また、「子どもの行動や心の動きは保育士等自身の子どもに対する"まなざし"や関わりを映し出したものでもあることに、自覚的であること」が求められます。「子どもを多面的に理解するという視点を持って、他の保育士等や保護者とそれぞれの捉えた子どもの姿を丁寧に共有するとともに、場面ごとの様子の違いを意識的に捉えてみること」が求められます[3]。対話には他者の存在が不可欠です。そのため保育者にとって、コミュニケーション力は、キャリアを築いていくための土台となるのです。

## 第3節　自分らしいワークキャリアを描くために

### 1　キャリアデザインのための4つの問い

さて、自分らしいワークキャリアを歩むために、職業人生の節目（キャリアステージ）で、これまでの仕事を振り返り、今後のキャリアの道筋（キャリアパス）について思い描いてみましょう。次のキャリアデザインのための4つの問いに答えてみることで、まずは自分の考えや思いを整理してみましょう（図表1-4）。

◆ 図表1－4　これからのキャリアをデザインするための4つの問い

問①
自分が今できることは何か？

問②
自分がやりたいことは何か？

問③
自分が仕事において意味を感じることは何か？

問④
どのような関係性をつくり、生かしたいか？

出典：筆者作成

**問①** 自分が今できることは何でしょうか。

　新人保育者だった自分と比較して、できるようになったこと、得られた知識や経験などを振り返ってみましょう。仕事において得意なことは何でしょうか。どのような時に他者（子ども・保護者・地域・職員・組織など）に貢献できていると感じますか。また、周囲からはあなたは、どのような人だと見られているでしょうか。自分の長所やもち味、強みは何でしょうか。

..........................................................................................................
..........................................................................................................
..........................................................................................................

**問②** 自分がやりたいことは何でしょうか。

　これから挑戦してみたいことは何ですか。組織のなかで担ってみたい役割は何でしょうか。子どもたちとどのような時間を過ごしたいですか。3〜5年後、どのような保育者になっていたいでしょうか。

..........................................................................................................
..........................................................................................................
..........................................................................................................
..........................................................................................................

**問③** 自分が仕事において意味を感じることは何でしょうか。

　そもそも、どうして保育という仕事を選んだのでしょうか。これまでの保育経験を振り返って、どのような時にやりがいや手応えを感じましたか。無我夢中で没頭していた、試行錯誤していたのはどのような瞬間ですか。

..........................................................................................................
..........................................................................................................
..........................................................................................................
..........................................................................................................

**問④** 職場ではどのような関係性をつくり、生かしたいと思いますか。

　子どもと、保護者とどのような関係性をつくりたいですか。職員間では、どのような関係性でありたいですか。また、そのような関係性をつくることができると、誰のどのような笑顔が見られますか。あなたは、そのような関係性のなかで、どのような表情で保育をしていますか。

..........................................................................................................
..........................................................................................................
..........................................................................................................
..........................................................................................................

## 2 自分のキャリア・アンカーを探る

　いかがだったでしょうか。自分が保育という仕事を通して何を得ているのか、どのような価値を感じているのか、仕事において何を大切にしたいと考えているのか、これからの自分のキャリアについて、少しは明確になりましたか。仕事において自分が何を大切にしたいのか、これを**キャリア・アンカー**と呼びます。アンカーとは船の 錨 のことです。自分という船を留めておくために海に下ろす錨で、長いキャリアを歩むための自分のキャリアの拠り所となります。

　一方、周りの変化する世界へ適応していくために、周りからの期待や求められる役割など、外から自分に向かう声を整理することで、今自分に必要な学びや専門性の向上などに気付くことができます。これを**キャリア・サバイバル**と呼びます。周りの期待に応えることばかりを優先してしまうと、自分が本当にやりたいことを見失ってしまうことがあります。そのため、キャリア・アンカーをもつことが重要なのです。人は働きながら、自己期待（ありたい自分）と、組織のなかで期待される役割などの他者期待（あるべき自分）を融合させていきます。つまり人は、周りから期待される役割と自分がどうなりたいかのバランスを取りながら仕事をしているのです（図表1-5[4]）。

◆**図表1-5　キャリア・アンカーとキャリア・サバイバル**

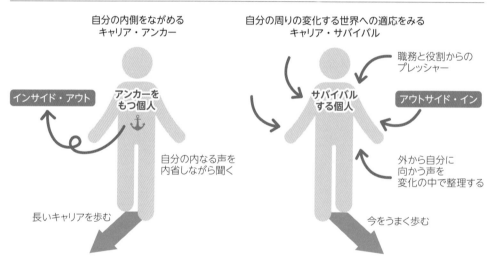

出典：金井壽宏『キャリア・デザイン・ガイド──自分のキャリアをうまく振り返り展望するために』白桃書房　2003年　p.19

# キャリアとは生き方であり表現である

## 1 自分の目指す方向性を考える

わが国においても、保育者の専門性の向上と、保育の質の向上にとって重要な要素であるキャリアアップの仕組みの構築と処遇改善について議論がなされ、「キャリアアップの仕組み導入後の職制階層（イメージ）」（図表1-6）が示されました。これは組織のあり方の1つのモデルですが、職制階層と各階層に求められる役割が明確になれば、組織のなかで自らのキャリアアップの道筋を描きやすくなり、求められる能力を主体的・計画的に習得することができます。

◆図表1-6
保育士等（民間）のキャリアアップの仕組み
導入後の職制階層（イメージ）

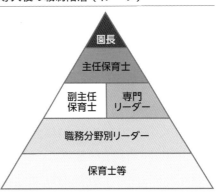

出典：厚生労働省「保育士のキャリアアップの仕組みと
構築と処遇改善について」2017年

しかし、そのためには、多様な人材育成の仕組みや機会があることが重要です。仕事を通じて先輩が後輩を指導する**OJT**（On the Job Training）だけではなく、園内外における研修などの**OFF－JT**（Off the Job Training）、そして他園見学の機会や交流による意見交換会、外部講師を招きケース会議や、保育の実践研究をすること等を通して、専門性の向上が期待できます。

さて、保育者には、専門職としての専門性向上（スペシャリストやエキスパート：図表1-6で示す「専門リーダー」）を目指すキャリアアップと、チームや組織をまとめていく管理能力を高めていくマネジメント（図表1-6で示す「副主任保育士」）のキャリアアップがあります。マネジメントでは、事務能力や管理能力など、これまで仕事上求められなかった能力を求められることになります。また、園長や主任などの管理職になると、子どもに直接触れる機会が減り、子どもと保育者、保護者と保育者、保育者と保育者の橋渡しをするなど、保育者を支え、間接的に保育に関わるという、これまでとは違った仕事生活になります。自らのキャリア形成を考えた時、自分が特にどちらを目指したいのかを明らかにする必要もあるでしょう。

## 2 偶発的な出来事を生かす

自分の理想とする目標に向かって計画的に専門性を向上させていくと同時に、**偶発的な出来事**からも学ぶ姿勢が求められます。個人のキャリアの8割は、予想しない偶発的なことによって決定されると言われます。これは偶発キャリアと呼ばれ

◆ 図表1-7　偶発キャリアを生かすための5つの姿勢

出典：筆者作成

る、「予期しない出来事をただ待つだけでなく、自ら創り出せるように積極的に行動したり、周囲の出来事に神経を研ぎ澄ませたりして、偶然を意図的・計画的にステップアップの機会へと変えていく」という考え方です。偶発的に起こってくる出来事をキャリアに生かすためには、図表1-7に示す5つの姿勢が求められます。

「キャリアとは、生涯を通しての人間の生き方、表現[5]」です。自分が納得する仕事や生き方のためには、自己選択や自己決定により、オリジナルの自分の物語をつくっていきましょう。**キャリアに正解などはありません**。同じ職場でのキャリアアップを目指すだけではなく、大学院へ進学し養成校教員になったり、これまでの経験を生かし未経験の業界へ転職したりする**キャリアチェンジ**や、園長や主任などの管理職から現場の保育者への**キャリアダウン**、あるいはワーク・ライフ・バランスを優先した**キャリアブレイク**など、自分の人生における仕事の意味を考え、多様なキャリアを歩むことができます。

**引用文献**

1) 中央教育審議会「今後の学校におけるキャリア教育・職業教育の在り方について（答申）（平成23年1月31日）」2011年　p.17
2) 平田オリザ『わかりあえないことから』講談社　2012年　p.150
3) 厚生労働省『保育所における自己評価ガイドライン（2020年改訂版）』2020年　pp.12-13
4) 金井壽宏『キャリア・デザイン・ガイド──自分のキャリアをうまく振り返り展望するために』白桃書房　2003年　p.19
5) エドガー・H・シャイン（二村敏子・三善勝代訳）『キャリア・ダイナミクス──キャリアとは、生涯を通しての人間の生き方・表現である。』白桃書房　1991年

**参考文献**

● 渡辺三枝子編著『新版 キャリアの心理学［第2版］──キャリア支援への発達的アプローチ』ナカニシヤ出版　2018年
● 石川昭義・小原敏郎編著『保育者のためのキャリア形成論』建帛社　2015年
● 厚生労働省保育の現場・職業の魅力向上検討会「保育の現場・職業の魅力向上に関する報告書」2020年
● エイミー・C・エドモンドソン（野津智子訳、村瀬俊朗解説）『恐れのない組織──「心理的安全性」が学習・イノベーション・成長をもたらす』英治出版　2021年
● 全国社会福祉協議会編『［改定2版］福祉職員キャリアパス対応生涯研修課程テキスト　管理職員編』社会福祉法人全国社会福祉協議会　2021年

第2部

キャリア形成実践のための
基本的視点

第2章

# 「記録」を活用した「自己評価」ベースの キャリア形成へのまなざし

　第2章では、各保育施設における保育者としてのキャリア形成のありようを、保育所の取り組み事例を中心に、「自己評価」という取り組みのプロセスにおいて生み出される「記録」と「対話」という視点から捉えてみたいと思います。

　第1章で述べた通り、全国にある様々な背景をもつ保育施設において、一律にその専門性やキャリア形成を規定することには困難さが伴います。この実態を踏まえて、まずは、すべての保育施設において共通に行われている「自己評価」という専門職としての振り返りに焦点を当てます。「自己評価」を通して、保育者としてのキャリア形成に対する自覚化のありようについて考えるきっかけをつくっていきたいと思います。

　本章では主に、「**保育所における自己評価ガイドライン（2020年改訂版）**」[1]（以下、自己評価ガイドライン）に示された「自己評価」の視点を参考にします。保育者をはじめとする全職員に期待される「記録」を活用したキャリア形成への動機付けを考えていきましょう。

# 「自己評価」ベースのキャリア形成を考える

## 1 保育所における「自己評価」とは

＊1 幼稚園の場合、「幼稚園教育要領」の「第1章 総則」の「第4 指導計画の作成と幼児理解に基づいた評価」に、幼保連携型認定こども園の場合、「幼保連携型認定こども園教育・保育要領」の「第1章 総則」の「第2の2 指導計画の作成と園児の理解に基づいた評価」に示されています。

まず、保育所における「**自己評価**＊1」の基本的な考え方について確認しておきましょう。保育所における自己評価の取り組みやその意義については、保育所保育指針の「第1章 総則」の「3 保育の計画及び評価」に示されています。

以下、その一部を抜粋したものです。

> （4） 保育内容等の評価
> ア 保育士等の自己評価
> （ア） 保育士等は、保育の計画や保育の記録を通して、自らの保育実践を振り返り、自己評価することを通して、その専門性の向上や保育実践の改善に努めなければならない。
> （イ） 保育士等による自己評価に当たっては、子どもの活動内容やその結果だけでなく、子どもの心の育ちや意欲、取り組む過程などにも十分配慮するよう留意すること。
> （ウ） 保育士等は、自己評価における自らの保育実践の振り返りや職員相互の話し合い等を通じて、専門性の向上及び保育の質の向上のための課題を明確にするとともに、保育所全体の保育の内容に関する認識を深めること。
> イ 保育所の自己評価
> （ア） 保育所は、保育の質の向上を図るため、保育の計画の展開や保育士等の自己評価を踏まえ、当該保育所の保育の内容等について、自ら評価を行い、その結果を公表するよう努めなければならない。
> （イ） 保育所が自己評価を行うに当たっては、地域の実情や保育所の実態に即して、適切に評価の観点や項目等を設定し、全職員による共通理解をもって取り組むよう留意すること。
> （ウ） 設備運営基準第36条の趣旨を踏まえ、保育の内容等の評価に関し、保護者及び地域住民等の意見を聴くことが望ましいこと。

上記内容からも明らかなように、保育所における自己評価には**保育士等「個人（またはグループ）」としての自己評価**と**保育所「組織」としての自己評価**の2つの側面があることがわかります。図表2-1に示されているように、保育所における自己評価への取り組みについては、「職員相互の対話」を踏まえながらの展開が求められ

◆図表2−1　保育所における自己評価

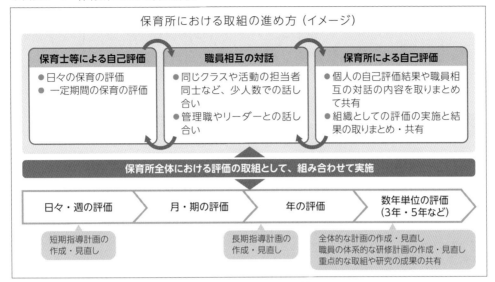

出典：厚生労働省「保育所における自己評価ガイドライン（2020年改訂版）」2020年　p.29

ています[2]。そして何より、自己評価による取り組みの展開によって子どもの理解を深め、その展開の過程において生み出される様々な「記録」や「対話」を職員の協働性を生み出す「しかけ」として活用し、それにより保育の質の向上や集団としての保育力の向上に寄与していくということが期待されています。

　さらに、こうした取り組みを支えていくためにも、保育所保育指針の「第5章職員の資質向上」に示された内容について、施設長をはじめとする全職員が共有することが求められています。とりわけ施設長には、「職員一人一人のもつ資質や専門性を把握するとともに、本人の意向、長期的な展望や経験年数等も確認し、考慮する」こと、また「保育の課題や各職員のキャリアパス等を見据えて、初任者から管理職員まで、それぞれの職位や職務内容等」を踏まえた上での体系的な研修計画作成の必要性が示されています[3]。本章で示す、記録や対話を踏まえた自己評価という側面から捉えるキャリア形成の諸相のみならず、続く第3章において示されている「キャリアアップ研修」における研修内容をベースとしたキャリア形成への捉え方が参考になると考えられます。

## ② 「子どもの実態」を真ん中にして考える

　続いて、図表2-2をご覧ください。日常的な保育の過程において位置付けられる保育内容等の評価の目的等について明示されたものです。保育の質の確保・向上の前提として、あたりまえのことなのですが「子どもの実態」を踏まえた「実践」であること。そこにおいて生まれる「記録」を踏まえつつ、子どもの実態を踏まえながらの個々の保育者による「評価」（あるいは職員間における「対話」を通じた「評価」）であることが求められています。さらにはその評価を開く、つまり公表することなどを通して同僚や保護者、地域社会の方々にも共有しつつ、そのなかでさらに子どもの実態を踏まえた「改善」を模索し、子どもの実態を踏まえた「計画」として紡ぎ

◆ 図表2-2　保育の過程に位置づけられる保育内容等の評価

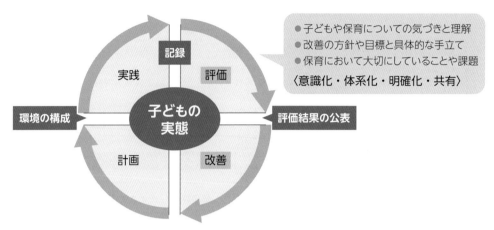

出典：厚生労働省「保育所における自己評価ガイドライン（2020年改訂版）」2020年　p.3

出し、次の実践につなげていくことが求められていることがわかります。

　自己評価を通して、子どもの育ちや学びを保障していくこと、保育の質の確保・向上のために職位や職務を意識しながら知識や技能の獲得に努めること、まさに、自律的な保育専門職集団としての協働性が発揮されるチームとしての保育の展開が求められています。こうした組織的かつ計画的な保育の展開のためにも個々の保育者による自己評価（振り返りを通じた質の確保・維持、そして向上）が重要であり、その自己評価を園組織としての自己評価につなげ、さらには社会に向けて発信し、受信し続けていくことを可能とするマネジメント機能の強化をもたらす人材育成の充実が必要なのです。だからこそ、組織としての保育力の向上に向けて、職位に応じた職務内容を明確にしていくことが期待されます。保育所保育指針解説の「第5章　職員の資質向上」にも次のように示されています。

　　施設長など職員の人事・配置を担当する立場の者は、研修に参加した職員がそこで得た内容等を日々の保育に有効に生かすことができるよう、専門分野のリーダーに任命するなど、資質や能力、適性、経験等に応じた人材配置を行うことが重要である。保育士等のキャリア形成の過程で、研修等による専門性の向上と、それに伴う職位・職責の向上とが 併せて図られることは、保育士等が自らのキャリアパスについて見通しをもって働き続ける上でも重要であり、ひいては保育所全体の保育実践の質の向上にもつながるものである。

### ③　「保育の質」と「働きやすさ」は表裏一体!?

　しかしながら、これまで体系的なキャリアパスを示し、保育専門職としての育成や定着を図ってきた保育施設（施設長）はそう多くはないのかもしれません。圧倒的に多くの女性が働く保育の現場。いまだ男性以上に、結婚や妊娠・出産、パート

◆ 図表2-3　キャリアパスの内容

| 職位 | 組織における地位<br>管理職、上級職 (副主任や専門リーダー)、中級職 (職務分野別リーダー)、<br>初級職などに分類される |
|---|---|
| 職責 | 職位ごとに定められた仕事の責任 |
| 能力 | 職位に就くために必要な能力 |
| 職務内容 | 職位のレベルに応じた担当させる仕事の内容 |
| 任用の要件 | 職位に就くために必要な条件 (能力・経験年数・資格など) |

出典：菊地加奈子『保育園の労務管理と処遇改善等加算・キャリアパスの実務』日本法令　2020年　p.161

ナーの転勤等のいわゆるライフイベントに影響を受けやすい職業であることへの認識は、管理職のみならず、職員全員が共有しておくべき人材育成上の組織的な課題の1つだとも言えます。

　一般的にキャリアパスを構成する内容としては、図表2-3に示される内容が存在します[4]。職位については、当然のことながら施設長による「任命」等が必要となります。俸給表等に鑑みながら、その等級に応じて図表2-3に示された「職務内容」「職責」「求められる能力」「任用の要件」を具体的に明示していく必要があります。もちろん、職位に関係なく、個々の保育者固有の能力や趣味などをもとにしたリーダー的なポストの設定があっても構わないわけです。さらには、今後のライフスタイルの変化に応じてキャリアアップを目指したり、本人からの求めなどに応じてのキャリアダウンにも柔軟に対応できるような人材の育成や管理が必要だということです。

　菊池 (2020) によれば、「キャリアパスをつくることによってできること」として、次の2点を指摘しています[5]。

- 自分のスキルと経験をどのように生かすことができて、その先にはどのようなチャンスを得る機会があるのかを知ることができる
- キャリアアップのために必要となる社内基準や条件を明確化することで、従業員が将来の目標に向けて意欲的に取り組むことを可能にする

　何より**保育の質の確保・維持、そして向上と働きやすさは不可分の関係**と言えます。個々人の都合による働きやすさを考えるのではなく、あくまでも保育の質の向上につながる働きやすさを考えていく必要があります。今後は全職員が自らの職位を意識しながら、また自らのキャリア形成に対する見通しをもちながらの働き方の改善・改革が保育の現場にも求められてきます。保育者としてのキャリア形成を考えていく上で、施設長などの管理職はもちろんのこと、保育者として働く者一人一人が、専門職としての自律性と倫理観をもって考えていく必要のある課題だと言えるかもしれません。

　これらのことを踏まえながら、第2節では、保育者個々人のキャリアに関係なく、管理職をはじめ、すべての保育者が日常的に、あるいは定期的に関わっているであろう「記録」という視点から、自らの保育者としてのキャリア形成に自覚的になること、保育専門職としてのキャリアパス構築の可能性について考えてみたいと思います。

## 第2節 「自己評価」の活用による キャリア形成の自覚化

### 1 保育所で行われる様々な評価

　**自己評価ガイドライン**に示された「保育所で行われる様々な評価」には、図表2-4に示している通り「保育内容等の評価」と「その他の評価の例」の2つの観点から示されたものとなっています[6]。

　さて、保育者の自己評価を深化させていく上でとても重要な取り組みであり、また素材となるものがあります。さらに、保育者のキャリア形成を考えていく上でも重要な視点となるものがあります。それは日常の保育において、また様々な業務によって日々生み出され続けている「**記録**」です。そしてこの記録を作成するという行為は、職位を超えて存在するものであり、またその内容や利用目的は、職位に応じて変化するという特徴をもっています。

◆ 図表2－4　保育所で行われる様々な評価

| 保育内容等の評価 | その他の評価の例 |
|---|---|
| **保育の内容**<br>子どもの育ちや内面についての理解を踏まえた保育の計画と、それに基づく環境の構成や子どもに対する援助・指導の過程 | **施設の運営管理**<br>財務・労務管理の状況等 |
| **保育の実施運営**<br>安全・衛生管理／<br>職員組織のマネジメント／人材育成等 | **評価機関による第三者評価**<br>➡ 改善すべき事項等の指摘・助言 評価結果に関する情報の公開 |
| **保育士等による自己評価、保育所による自己評価**<br>**（第三者評価・保護者等の関係者による評価）**<br>➡ 全体的な計画、指導計画、研修計画等の作成や見直し | **保育所による自己評価**<br>➡ 運営主体（自治体・法人等）に報告・要望 |
| | **業務の遂行に関わる行動・能力** |
| | **保育士等による自己評価**<br>➡ 結果の報告内容を運営主体が人事考課の際に参考として使用 |

出典：厚生労働省「保育所における自己評価ガイドライン（2020年改訂版）」2020年　p.2

　本節では、主に「保育内容等の評価」の全体像を俯瞰しつつ、それぞれの段階で発揮される役割から、保育者としての、また管理職としてのキャリア形成への自覚化を促すことについて考えてみます。図表2-5をご覧ください。「保育内容等の評価」に関わる全体像を示したものです[7]。

◆ 図表2−5　保育内容等の評価の全体像

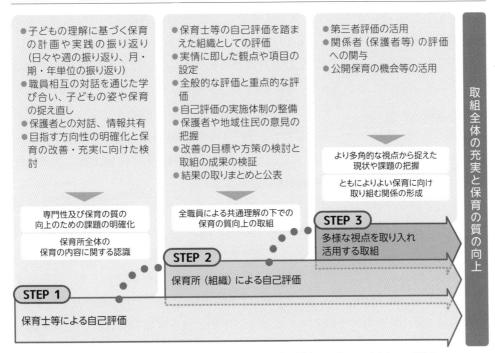

出典：厚生労働省「保育所における自己評価ガイドライン（2020年改訂版）」2020年　p.8をもとに一部改変

　評価の最も中心となる当事者別に、**STEP 1**「保育士等による自己評価」、**STEP 2**「保育所（組織）による自己評価」、**STEP 3**「多様な視点を取り入れ活用する取組」の三段階に分けられています。それぞれの内容を見ますと、具体的な取り組みのためのポイントと目的が示されていますが、ここで気付くことがあります。それは、例示された具体的な取り組みを展開していく上では、なんらかの「記録」が生み出されていたり、対話を深める基礎資料や素材として活用されている可能性がきわめて高いということです。

## 2　自己評価を具体的にイメージしてみる

　まずは、**STEP 1**「保育士等による自己評価」です。目的としては、「専門性及び保育の質の向上のための課題の明確化」「保育所全体の保育の内容に関する認識」の

◆個々の保育者による記録を踏まえた「保育士等による自己評価」の実際

写真①：くさみ幼稚園

写真②：むつみこども園

2点にあります。写真の①と②にあるように、日常の保育に対する個々人による振り返り（写真①）を、グループで共有するなどの園内研修（写真②）として取り組まれる場合が多いようです。

　他方、「うちはまだ自己評価など取り組めていません」と言われる管理職や保育者の方々もいらっしゃいますが、図表2-4や2-5を示しながら、この内容に関連する資料や取り組みがありませんかと丁寧に尋ねていくと、ほとんどすべての園で自己評価に取り組まれていることがわかります。保育所の場合、義務ではないものの経験年数に関係なく、実際にはすでに多くの園で　**STEP 1**　「保育士等による自己評価」に取り組まれているということになります*2。

　しかしながら、そこには大きな課題も見え隠れします。自己評価に取り組めていなかったと言われる園の場合、それは一体誰のための、また何のための記録だったのでしょうか。こうした無意識的に、また無自覚的に作成された記録である場合、子どもの理解の深化や保育の質の向上にはつながりにくいものであるように思えます。ましてや、保育者のキャリア形成につながるものにはなりにくい気がします。記録も様々ですし、様々な解釈もあるでしょうが、最も重要な意味は、記録を通して自らの保育を振り返り、また同僚との対話を生み出し、子どもの理解を深めていくこと。つまり、子どもの変化を保育専門職として自覚的に捉えていく点にあります。「子どもの理解」を深めていくための意味ある記録作成に取り組むということは、保育者としてのキャリア形成を自覚化していく最も基本となる行為として、管理職も含む全職員によって意識的・自覚的に取り組まれる必要があります。

　次に、　**STEP 2**　「保育所（組織）による自己評価」です。目的としては、「全職員による共通理解の下での保育の質向上の取組」とされています。

　写真の③と④にあるように、日常の保育に対するグループでの振り返り（写真③）を、職員全体で共有するなどの園内研修（写真④）として取り組まれる場合が多いようです。

◆保育者グループにおける対話を踏まえた「保育所（組織）による自己評価」の実際

写真③：えんぜる保育園

写真④：えんぜる保育園

　この場合もまた、園内研修等で取り組まれているケースが多いようです。園関係者である保護者や地域住民の声も反映させたり、取り組んだ結果の取りまとめや公

＊2　幼稚園・幼保連携型認定こども園の場合、「自己評価」は義務化されています。

表など、外部にも開かれた内容となりますので、初任者ではなく少なくとも職務分野別リーダー以上の経験者が担うことになります。実際に活躍されているのは、キャリアアップ研修等で「マネジメント」分野の学びを得られたミドルリーダーと位置付けられる保育者の方々の存在です。本書に通底した「マネジメント」という考え方に立てば、 STEP 2 は STEP 1 における自己評価を踏まえた園組織としての自己評価となりますので、やはり園全体での保育内容にかかる評価の視点を有する人である必要が出てきます。

　これまでの場合、こうした取り組みを任せられる担当者は、経験年数の長短を基準に決められていた場合が多かったように思えます。今後は、単なる経験年数だけではなく、自己評価を組織的な取り組みとして意味あるものにしていくためのマインドやスキルを獲得した保育者の活躍が期待されるところです。とはいえ、様々に異なる背景をもつ園での取り組みとなります。経験年数や人員体制等に頼りすぎることなく、研修等で学んだことを職員全員で共有しながらお互いのキャリア形成につなげていこうとする、そうした互恵的なマインドの涵養とスキルの獲得を促す研修機会の拡大と活用が必要だと言えます。

　最後に、 STEP 3 「多様な視点を取り入れ活用する取組」です。目的としては、「より多角的な視点から捉えた現状や課題の把握」「ともによりよい保育に向け取り組む関係の形成」の2点です。

　写真の⑤と⑥にあるように、日常の保育を中心とした園全体での振り返りを踏まえつつ、その内容を関係者に対して公開したり（写真⑤）、地域の職能団体主催による実践研究発表会にて地域の保育者に発信するなどの取り組み（写真⑥）として取り組まれる場合が多いようです。

◆記録を踏まえた「多様な視点を取り入れ活用する取組」の実際

写真⑤「関係者」としての保育者養成校学生に自園の保育を語る：阿久根めぐみこども園

写真⑥地域の保育団体主催による実践研究発表会において自園の保育を語る：くさみ幼稚園

　 STEP 3 は STEP 2 における園組織としての自己評価を踏まえた内容となりますので、ここはやはり主任や園長・設置者などの管理職の出番となります。厚生労働省による「保育所等における保育の質の確保・向上に関する検討会」（2020）や「保育の現場・職業の魅力向上検討会」（2020）等においても保育所や幼稚園・こども園

が社会に対して「開かれた場」となり、「開かれた評価・研修」のあり方や「開かれた教育課程」を社会に示すことで、保育や保育者に対する公正な社会的評価を得ていく取り組みにつなげていくことが期待されています。

　この段階でも、写真にあるように様々な記録が作成され、また活用されることになります。他方、管理職の場合、本節で取り上げている「保育内容等の評価」にかかる記録のみならず、行政監査のための記録や文書作成も手掛けなければなりません。結果、このことが管理職をはじめとする保育者の過剰なまでの業務負担になっている現状もあり、こうした「記録」をめぐる業務負担軽減のためのガイドライン[8)9)]も作成されるなど、その活用のありようをめぐっては課題も山積しています。ICTの効果的な導入などにより一層の改善が図られることは、何より保育者の業務改善にもつながることを明記しておきます。


　以上、「保育内容等の評価」をめぐる「記録」の諸相を垣間見ながら、保育者としてのキャリア形成に対する意識化・自覚化につながる取り組みのありようについて考えてきました。自己評価という取り組みのなかで、その職位に応じて作成される記録には特徴があり、見方を変えれば、それぞれの記録の目的や内容の違いが園内でのキャリアパスを規定している面もあるということへの認識を高めていく必要があります。

**引用文献**

1) 厚生労働省「保育所における自己評価ガイドライン (2020年改訂版)」2020年
2) 前掲1　p.29
3) 厚生労働省「保育所保育指針解説」2018年　p.352
4) 菊地加奈子『保育園の労務管理と処遇改善等加算・キャリアパスの実務』日本法令　2020年　p.161
5) 前掲4　pp.159-160
6) 前掲1　p.2
7) 前掲1　p.8
8) 厚生労働省「保育分野の業務負担軽減・業務の再構築のためのガイドライン」2021年
9) 厚生労働省「業務改善実践に向けた事例集」2022年

第3章

# 「キャリアアップ研修」をベースとした
# キャリア形成へのまなざし

　第3章では、各保育施設における保育者としてのキャリア形成のありようを、研修内容の捉え方・学び方を意識しながら学んでみたいと思います。本書では、**保育士等キャリアアップ研修**に示された8つの研修分野（乳児保育、幼児教育、障害児保育、食育・アレルギー対応、保健衛生・安全対策、保護者支援・子育て支援、マネジメント、保育実践）の研修内容について、以下に示す保育専門職者におけるおおよそのキャリア区分（初任者、ミドルリーダー、管理職者）を意識した視点から学びます。

**①初任者から意識してほしい視点**
**②主にミドルリーダーに意識してほしい視点**
**③主に管理職者に意識してほしい視点**

　この考え方の背景には、各研修分野の受講対象者の保育経験年数があまり意識されていないという点を改善したいという筆者らの思いがあります。マネジメント分野の研修のみ「概ね7年以上」とされているのに対して、これ以外の7つの研修分野においては特段の指定がありません。そのため、研修講師にとっては、「受講対象者のキャリアの幅が大きければ大きいほど、研修内容にも幅をもたせて話をせざるを得ない」、ゆえに、「限られた時間のなかで保育者の習熟度や熟達度に応じた研修内容を提供するのが難しい」という悩みがあります。一方、受講者側も、「学び直しの機会としては意味あるものだが、自分にはやさしい内容なので、より専門的な学びにはつながりにくい」、あるいは、「初任者の自分にとっては高度な内容なのであれもこれもできていない」といった声が聞かれます。

　だとすれば、学ぶ側も研修を担う側も、保育専門職者におけるおおよそのキャリア区分を意識しながら研修に臨むといった姿勢が求められてくるのではないでしょうか。

## 第1節　乳児保育

### はじめに　乳児保育の重要性

　昨今、共働き世帯の増加や核家族化に伴う子育て困難の広がりから、乳児保育のニーズが増加しています。また乳児保育の量的な拡大と同時に、その質も問われてきています。現行の保育所保育指針や幼保連携型認定こども園教育・保育要領（以下、指針・要領等）の乳児保育にかかる記載内容が、これまでより増強されたことからも明らかなように、乳児保育の重要性がますます強調されているのです。

　保育者は在園児の保育のみならず、保護者支援や地域の子育て家庭に対する専門的知識や技術の提供など、子育てセンターとしての大きな社会的役割も担っています。全国的にみても、各地域において乳児保育に期待される意義や役割が一層増してきている状況に伴い、これまで以上に保育者の研鑽も求められています。

　この節では、乳児保育に携わる保育者のキャリア形成を、次の3つの視点でとらえ、考えていくことにします。

☆★★　初任者から意識してほしい視点

**乳児の生活を整えて遊びを充実させ、
心身の発達を促す**

☆☆★　主にミドルリーダーに意識してほしい視点

**保護者の子育てを支援していく**

☆☆☆　主に管理職者に意識してほしい視点

**地域の子育てに対して
専門的知識や技術を提供する社会的役割**

☆★★　初任者から意識してほしい視点

# 乳児の生活を整えて遊びを充実させ、心身の発達を促す

　在園の乳児に対する日々の遊びや生活の援助は、保育者の業務のなかでも大きな部分を占めているので、初任者は必然的にこの部分から学びを深めていくことになるでしょう。まずは指針・要領等に示される内容や全体的な計画を踏まえ、乳児期の生活や遊びの援助で大切にしたいことを理解します。

## 1 指針・要領等の内容を理解する

### ①実践と理論をつなぐ

　園組織では複数の保育者で保育を担うため、同僚間での子ども理解や専門的知識の共有が必須になります。その際、**指針・要領等の文言が共通言語**となり、互いの考え方や思いをやり取りすることが多いでしょう。指針・要領等の一つ一つの言葉についてきちんと理解していないと、計画作成や振り返りの際、同僚との共通理解が得られにくくなります。

　初任者向けの園内研修では、「養護と教育の一体的展開」「環境を通して行う保育」「子どもの生活のリズムを大切にする」などの文言の一つ一つを取り上げ、具体的な保育の場面をイメージしながらその言葉の定義を理解し、認識を深めていくのがよいでしょう。たとえば、「自発的・意欲的に関われるような環境」や「あたたかな親しみとくつろぎの場」という文言をテーマに取り上げた場合、子どもが自発的・意欲的に生活している場面の記録や、あたたかな親しみとくつろぎの場だと保育者が考える写真等をもち寄って、具体的に検討してみるということをしていくわけです。

　事例に基づいて議論していくと、何気なく耳にしていた指針・要領等の文言が実際の場面とつながり、より深く子どもの姿を理解することができるようになります。

　「子どもの主体性を大事にした生活習慣の援助」と聞いても具体的にはイメージできなかった初任者が研修を重ねていくうちに、たとえば食事時間は「ただお腹が満たされればよい」ということではないということがわかるでしょう。言葉によるやり取りがまだできないと思われる乳児に対しても「そろそろご飯にしようね」と見通しのもてる言葉をかけて誘い、歩ける場合は食事用のテーブルまで一緒に歩き、自分の意志で食事に向かう環境をつくっていくことが大切だとわかります。また、月齢の低いうちは1対1の対応を基本とし、子どものペースで、子どもが自ら食べたいものを選び、自分の意志で食べ物を口のなかに取り込むということを意識した援助が必要であるということがわかるでしょう。決して、保育者のペースで乳児の口のなかに食べ物を入れるようなことはしないわけです。そうなると、乳児の口に運ぶ際のスプーンの角度や唇に置くスプーンの位置やタイミング、スプーンの

長さや形状についても意識するようになるのです。

　排泄についても、手際よくおむつを交換できればよいということではなく、「おむつを換えましょうね」と乳児が見通しをもてるような言葉をかけてからおむつ交換台に誘い、「おしっこ出たね」「気持ちいいね」などと優しく言葉をかけながら進めることが大切だとわかります。乳児がその行為について自覚できるような関わりを目指すのです。それが「安心感」につながります。担当制保育を取り入れるなど、できるだけ決まった保育者が、毎日同じ手順で育児行為をしていくことが大切だということもわかるでしょう。

　そのような関わりを繰り返すうちに、乳児は積極的におむつ交換の際に自分から足を上げたり、着脱時に手足を動かしたりして協力するようになるのです。「子どもの主体性を大事にした生活習慣の援助」では、保育者と乳児の信頼関係、乳児の反応にタイミングよく応答し、肯定的な言葉をかけていく保育者の姿勢が何よりも大切であるということも理解できるでしょう。まずはこのように、あるべき保育者の援助の姿勢を、理論と実践を行ったりきたりしながら具体的に理解するのです。

### ②意見交換しながら試行錯誤する

　次の段階としては、実践に向けての試行錯誤です。たとえば一人一人の日課を保障することが大切だと言葉でわかっていても、実践の場でそのことを保障していくのは決して簡単なことではありません。眠い時にはすぐに眠れるようにし、お腹がすいたタイミングで食事をはじめる、こういった個別の対応を、どうしたら集団で生活をしている乳児クラスのなかで保障できるのか、などについての方法を模索します。園内研修で議論を重ねながら、工夫していくことになるでしょう。

　保育者のキャリアの面から整理すると、指針・要領等の文言を正確に捉えていくというような「理論を理解する」ところが、まず初任者の目標です。具体的なイメージと言葉を結び付け、実践と理論を往還しながら、自分のなかで明確な意図をもって環境構成をしたり、活動の計画を立てたりする段階です。しかし、実際にはなかなかうまくいかない場合もあります。ミドルリーダーと言われる中堅保育者になってくると、同僚と共に、意見交換しながら試行錯誤する段階になります。うまくいく時もあれば、毎年子どもや保育者集団が変わり、なかなかうまくいかないこともあります。ベテランになると、そのあたりを安定した状態で常に保障していけるシステムづくりについて、園全体で考えていくということになるでしょう。

　このように、指針・要領等の文言をなんとなく理解していることと、それを聞いて具体的な援助の方法や配慮点をイメージできる、さらにそれを日々安定して実践できるということは、まったく違う次元なのです。さらに年度が変わり保育者が変わっても、毎年安定した日課を保障できるのかということになると、さらなる経験による試行錯誤とチームとしての連携が必要

になるでしょう。このあたりは、ミドルリーダーと言われる中堅保育者や、ベテランといわれる保育者の仕事になっていくでしょう。

## ② 子どもの権利について理解する

左記に加えて押さえておきたい大事な点として、**児童の権利に関する条約**（通称：**子どもの権利条約**）*1 を踏まえた、「**子どもの最善の利益**」という言葉の理解があります。これも初任者の段階から、具体的な行為と合わせてイメージできるようにしておきたいものです。研修では全国保育士会から出されている「人権擁護のためのセルフチェックリスト」1) を用いて、生活の流れに沿って日ごろの保育を振り返り、チェックしてみるのもよいでしょう。

たとえば、チェックリストのなかには「食事の際、こぼす等の理由でテーブルに給食のメニューをすべて配膳せず、食べたら次のおかずをあげる……」というような内容があります。この状況は、子どもにとっての最善の利益が保障されているとは言えないわけです。このように一つ一つチェックをしながら、保育の振り返りを行っていくというのもよいでしょう。

*1　102ページを参照。

## ③ 乳児保育の「ねらい」と「内容」を理解する

初任者の段階から指導計画を作成していくことになりますから、乳児保育の「**ねらい**」と「**内容**」における**3つの視点**や**5領域**について理解することは必要でしょう。同時に、**子ども理解**についても深めていかなければなりません。一人一人の発達や興味・関心をどのようにとらえ、適切な環境を用意していくのかということについて考えていくことが大切なのです。園内研修では、一人一人の子どもの興味・関心やそれを保障するための環境構成について、**保育ウェブ**\*2 などを使って議論するとよいでしょう。たとえば、○○ちゃんは、つかまり立ちができるようになって目線が高くなってきたから、壁におもちゃを取り付けてみよう、ということなどです。今現在の目の前の子どもの姿を的確にとらえ、その発達を支えるための「ねらい」「内容」「環境設定」などを考えていくことが大切です。

\*2　子どもの姿を蜘蛛の巣状の図に表して話し合いながら、保育の計画を立てたり、保育を振り返ったりする、その図のこと（下図はイメージ）。

## ④ 乳児保育における安全な生活環境について理解する

初任者から必要なこととして、窒息や誤飲のリスク、安全を守るための家具の配置、乳児が過ごしやすい部屋について考える、ということがあります。残念ながら、保育の場における子どもの事故が後を絶ちません。昨今では、感染症対策についても悩ましいことが多いでしょう。園内研修では、**ヒヤリハット**\*3 にかかる事案を出し合い検証したり、おもちゃに付けられているボタンや紐について、紛失等がないかどうか確認をしたりすることも大切です。さらにチェックリストなどを作成し、毎日確認するシステムをつくるということも有効です。これは決してヒヤリ

\*3　大きな事故やケガには至らなかったものの、ややもすると事故になっていた可能性のある危なかった出来事。

3
－
1

乳児保育

ハット場面に遭遇した保育者を責めるというようなことではなく、園内で起きたヒヤリハット場面を共有してみんなで改善に向けて検討し、園のシステムとして安全を考えていくという認識が重要です。

★★☆ 主にミドルリーダーに意識してほしい視点

# 保護者の子育てを支援していく

　保護者の子育てを支援していくとは、具体的には登園、降園時を利用して子どもの様子を伝えたり、その話のなかで困りごとを聞いたり、内容によっては励ましたり、助言したりすることです。また、連絡帳やおたより、掲示物などで園の保育方針やクラスの子どもの姿について伝えたりすることも含まれます。このようなことは、初任者から必須の業務ですが、ミドルリーダーである保育者が中心となって、園の理念や保育内容についてチームで共通理解ができるように、しっかり押さえておく必要があるところです。

　野澤ら（2018）は、ミドルリーダーの役割の1つとして「園の内部だけでなく保護者との接点を作っていく[2]」ということを述べています。積極的に園の保育方針を発信し、保護者の理解を得て協力してもらうということです。たとえば、雪の日に外で遊ぶことについて、保育者は「雪に触れさせたい」と考え、雪の積もった園庭に出て遊ぶ計画を立てる、また雨の日には「雨の音や匂いを感じて歩きたい」といううねらいがあって、あえて雨の日に散歩を計画したとします。しかし、保護者から「どうして寒いなか、わざわざ外で遊ぶのか」「雨の日にレインコートを用意してまで散歩に連れていくのか」と問われた時にその意味を説明できないと、思うような経験を子どもたちに与えられないどころか、保護者との信頼関係も崩れてしまいます。保護者には保育計画の意図を伝え、それに伴って着替え用意のお願いをしたり、洗濯の協力を求めたりします。園内研修では、保育者役と保護者役を設定したロールプレイなどを行い、保護者の質問に対し保育者が答えるというワークをしてみる、ある日のエピソードについて連絡帳でどのように伝えるかワークをしてみる、保護者向けの壁新聞などの**ドキュメンテーション**[*4]をつくってみるというような内容が考えられるでしょう。

★★★ 主に管理職者に意識してほしい視点

# 地域の子育てに対して
# 専門的知識や技術を提供する社会的役割

　園の社会的役割については、初任者を含めすべての職員が理解しておく必要あります。しかし、園庭開放を行ったり、誕生会などのイベントに地域の親子を招待したりするというような地域とのつながりをリードしていく業務は、園長などの管理職が担っている場合が多いでしょう。園の規模にもよりますが、長江（2018）は、

＊4　文字・画像などを駆使して、事実をなるべくあますところなくドキュメンタリーのように記録しようとする方法（出典：北野幸子編著『乳幼児の教育保育課程論』建帛社2010年　p.162）

園長は主に園外に、主任は主に園内において期待された役割をもつことが多いとしています[3]。

　園長などの管理職は、地域の保護者における子育ての現状と課題を把握し、近隣に子育て支援センターなどがあれば連携しながら、子育てに対する専門的知識や技術を、地域といかに共有していくかという課題を担っていると言えるでしょう。園を開放することで、地域の保護者は園の子どもたちの様子を見ることができます。たとえば、園児が離乳食を食べている様子を見て、はじめて子育てをする保護者は「あのように小さく切ったらわが子も食べるかもしれない」「あんなふうに言葉をかけたらいいのか」など、自分の子育ての参考になることを見て学ぶことができます。必要があれば保育者が子育ての相談にのり、さらに必要があれば地域の専門機関を紹介したり、つなげていったりする役割を担うこともあります。

## 🚩 GOAL｜まとめ　園が目指す保育と保育者の主体性

　園で目指している保育を安定して実践していくためには、保育者の子ども理解、計画と評価に基づく実践力、保育者同士の連携などが必要です。さらに家庭との連携、他職種との協力体制など、様々な場面で保育者一人一人の力が必要です。管理職の立場としては、これらがうまく機能しているか常に確認し、一人一人の保育者の主体性も大事にしながら、その働きを支えていくことが求められるでしょう。

　**園内研修**は、職員の知識や技術獲得の他、園で大事にしたいことについての考え方の共有にたいへん有効です。目的別に設定した園内研修の展開で、日々、それぞれの立場から理解を深めていく必要があるでしょう。

## Work 1　悩み相談　担当制保育はどうしたらいい？

（所要時間30分）

3年目の乳児担当です。最近担当制をはじめたのですが、他の保育者との情報共有がむずかしく、うまく連携できません。とくに、早番遅番のシフトや会議などで、担当の子どもの育児行為を他の保育者にお願いしなければならない時に、子どもが混乱して泣いてしまいます。どのような工夫ができるでしょうか。

▶ **ステップ①** あなたの考えやアイデアを書き出してみましょう。

..................................................................................................

..................................................................................................

▶ **ステップ②** 考えたことやアイデアをもとにみんなで話し合ってみましょう。

..................................................................................................

..................................................................................................

**ヒント**

乳児保育では担当制をとる園が増えてきています。特定の大人との関わりが愛着形成につながり、子どもが安心して生活できるメリットがある反面、担当不在で他の保育者が関わる際、不安になって泣いてしまう事があります。副担当を決めるなど（緩やかな担当制）の可能性や、情報共有のツール、交代のタイミング、シフトの組み方などについて、よりたくさんの意見が出るとよいですね。

**Work 2** 写真を撮ってもち寄ろう

（所要時間90分）

**ステップ①** 「0歳児の主体的な姿」を写真に撮って、もち寄りましょう。

.................................................................................................................
.................................................................................................................

**ステップ②** 保育者のどのような関わりや配慮、環境設定がその姿につながっているのか、話し合ってみましょう。

.................................................................................................................
.................................................................................................................
.................................................................................................................

**ステップ③** さらにそのことを、指針・要領等の言葉と照らし合わせて考えてみましょう。

.................................................................................................................
.................................................................................................................
.................................................................................................................

**ステップ④** その写真の子どもの姿について、「どのような経験をして、どのような学びがそこにあるのか」という視点から、保護者に伝わるような文面を考えて、ドキュメンテーションをつくってみましょう。

.................................................................................................................
.................................................................................................................
.................................................................................................................

**引用文献**

1) 全国保育士会編「保育所・認定こども園等における人権擁護のためのセルフチェックリスト」
https：//www.z-hoikushikai.com/about/siryobox/book/checklist.pdf
（2022年9月21日閲覧）
2) 野澤祥子他「保育におけるミドルリーダーの役割に関する研究と展望」『東京大学大学院教育学研究科紀要』第58巻　2018年　pp.388-415
3) 長江美津子・伊藤博美「保育におけるリーダーシップに関する一考察」『名古屋経済大学教職支援室報』1　2018年　pp.143-156

**参考文献**

● 北野幸子編著『乳幼児の教育保育課程論』建帛社　2010年
● 無藤隆・大豆生田啓友編著『0.1.2歳児　子どもの姿ベースの指導計画』フレーベル館　2019年
● 厚生労働省「保育所保育指針」2017年

# 第2節　幼児教育

> **はじめに**　つながりあい育ちあう関係を育む

　指針・要領等では、幼児期において「**育みたい資質・能力**」や「**幼児期の終わりまでに育ってほしい姿**」（10の姿）が明示されるなど小学校との接続を意識した保育が求められる時期でもあります。だからこそ、どの子どもも自信をもって成長してほしいと願う一方で、友達とうまく関われなかったり、できるかどうか不安や心配で主体的に動けないといった子どもの姿も見られます。

　本来、この時期の子どもたちは友達との関わりを強く求めるものです。子ども同士のヨコのつながりを大切にすること、日々の遊びが充実し満足することで、子どもたちは互いに理解しあい認めあう関係を築きつつ、また自信をもてるようにもなります。保育者としては、「子どもたちのなかの葛藤や育っている姿を捉える視点」を深めることと、「仲間のつながりを保障すること」を大切なポイントにしたいものです。

　この節では、幼児教育に関する保育者のキャリア形成を、次の3つの視点から捉えていきます。

☆☆☆　**初任者から意識してほしい視点**

## 依存しながらも自立する時期から
## 仲間とのつながりづくり

☆☆☆　**主にミドルリーダーに意識してほしい視点**

## 指導する・される関係ではなく、
## 対等な同僚性を築く

☆☆☆　**主に管理職者に意識してほしい視点**

## 保育の計画と自己評価

# 依存しながらも自立する時期から
# 仲間とのつながりづくり

　初任者も3年目を過ぎるころには、園の仕事にも慣れ、幼児クラスを任されることも多くなります。一人の保育者に対しての子どもの人数が増えることで、子ども一人一人と丁寧に関わる機会も減ってしまいがちです。未満児の「個別に丁寧に対応」から「一斉に」といった子ども集団全体へ働きかける保育が必要となり、また取り組む活動の種類や行事も増えることから、活動への取り組み方も大きく変化していきます。さらには新入園児も加わってきます。園生活や集団生活に慣れていないため、その個別対応も必要になることから保育がめまぐるしく忙しくなる印象があります。はじめて幼児クラスを担当する保育者の戸惑いは、大きいものがあるでしょう。クラス担任として「私が子どもたちをまとめなくては！」と責任を強く感じることになってくるでしょうし、後輩も入ってくるころですので、周囲から指導的役割も期待されるようになります。このように、幼児クラスをはじめて担当する保育者は、いままでとは違うたいへんさが一度にやってきて、保育が思うようにいかないことや自分には保育の力量がないと悩んでしまうことも多いようです。

## 1　3歳児クラス

### ①身辺自立と友達への意識

　3歳児は不十分ながらも身辺自立ができるようになり、そのうれしさから「自分でする！」と自立への意識がより膨らんできます。前述のように、幼児クラスでは「一斉に」という活動も増えるので、「自分でやろうね」と促すことも多くなるでしょう。自分がまだ着替えていなくても友達の手伝いを優先するなど、お世話をしたがる姿もみられます。「まずは一人一人の生活習慣の獲得を目指さなくては」という意識からか、「先に自分のことをしなさい！」と伝えてはいないでしょうか。お世話をしたいということは、「イッチョマエを発揮したい」[1]と同時に、「あの子が気になる」という姿だとも言えます。つまりは仲間意識が大きく育ちつつある証拠です。先に友達のお世話をしてから、そのあと自分で着替えるように促してもよいでしょう。

### ②友達関係

　とはいっても、友達との関わりはそう思うようにスムーズにはいかないこともあります。伝えたいことがあるのにジッと睨むだけだったり、言葉よりもつい手が先に出たりするなど、関わり方の未熟さがみられます。また、そういうコミュニケー

ション能力の未熟さからトラブルが毎日のように発生します。こうした子どもの姿に振り回されることも多くなり、日々悩みが尽きません。また、「早くトラブルを収めないと」という思いから、当事者の子ども同士が「納得」して終わることよりも、「誰がやったの？」「どっちが先？」などの事実だけを聴取して、判決を下すような決着＝「ごめんなさい」「いいよ」を言わせて「ハイ終わり！」と早期決着をつけることが、保育者の力量だと勘違いしがちです。トラブルは互いの思いの行き違いや、関わりたいけどうまくいかない姿です。

　大切なことは、その子の内面にある「願い」や「考え」「感情」を読み取り、相互に伝えあうことです。「叩かれて痛かったね」「本当は貸してって言いたかったの？」と子どもの内面を保育者が言葉にして伝えあうこと、そして相互の理解で終わることです。なぜでしょうか。それは、相互理解が積み重なることで、お互いにわかりあえる関係やなかよし関係が構築され、次第に子ども同士の協同的な活動へとつながっていくからです。

### ③子どもの理解

　トラブル以外にも、理解しにくい子どもの行動もあります。たとえば、虫を踏みつける、わざと他児を叩いて笑う、などです。こうした行動に保育者として戸惑ってしまうこともありますが、このような場合、まずは、これまで数多くの子どもたちと関わってきたミドルリーダーや主任に相談してみましょう。**10人の保育者がいたら、10通りの経験や捉え方**があります。きっと自分にはない視点があり、それを聴くなかで子どもの見方・捉え方がきっと拡がることでしょう。安易に「どう対応（解決）するか」ばかりにとらわれず、トラブル対応と同様に、まずはその子の姿の内面にどういう願いや考え、感情があるのかを考えてみることで、おのずと次の働きかけのヒントが見えてくることもあります。

### ④遊びの広がり

　遊びの場面でも、子どもたちは他児と一緒に楽しむことやおもしろさを求めています。「**見立て・つもり遊び**」から、次第に仲間と「**ごっこ遊び**」が拡がってくることからもうかがえます。だからこそ、まず初任者のみなさんは、友達と活動を共有する楽しさを感じあうような働きかけから行ってみてはどうでしょうか。具体的に言えば、「活動に周囲の子どもたちを巻き込んでいく」という意識です。「ねえ○○ちゃん、ここで□□をしているよ！」と伝えていくと、次第に子どもの活動の輪が拡がっていきます。その際に気をつけたいことは、スムーズに参加できるように "**子どもの頭のなかのイメージを言葉にして表す**" ということです。「へー！○○ちゃんはお姫様（の役）ね」「これ（泥団子）ハンバーグなのね！」などです。それにより、遊んでいる子どもの頭のなかにあるイメージ（つもり）が他児と共有でき、一緒に遊びを共有する楽しさが積み重なることで、「なかよしの関係」ができやすくなります[2]。　また、遊びが盛り上がって子どもたちだけで活動が続きそうならば、そこからスッと抜けていく技術も身につけていきたいものです。

## ⑤自立と安心

　自分でできるにもかかわらず、「先生〜やって〜（手伝って）」と甘えてくる子も多いようです。自分でもできるけど、今日は先生に甘えたい、私を見てほしい、大切にしてもらいたい、という思いが出る時もあるようです。「一人できるでしょ！先生しってるよ。やってみて」よりも、「いいよ、ちょっとだけ手伝ってあげるね！特別よ。次はできる？」と甘えを受け止めながら自立の方向性を出すことも必要です。ミドルリーダーほどのキャリアを積んでくると、「たまにはいいか」と許す気持ちや、「いまはできなくてもきっと大丈夫」と発達の見通しをもってゆるやかに対応できるようになるのではないでしょうか。ともかく、「一斉に」や「自分で！（自立）」も大事ですが、子どもの心情を読み取って、**「安心と愛情」のある急かさない保育**を意識したいものです。

## 2　4歳児クラス

### ①序列化に気をつける

　4歳児クラスになりだんだんとその様子に慣れてくる時期になると、子どもたちは「友達同士のこと、そして自分自身と見比べる力」がついてきます。すると、運動が得意な子ども、おもしろい遊び方をよく提案する子ども、仲間への発言力や影響力が強い子どもなど、みんなから一目おかれる子どもが目立ちはじめます。一方で、友達と自分と比べて「できない自分」を意識しはじめ、「やる気」や「自信」を失っている姿が見られます。そのためか強い子どもに憧れるようになり、その子どもと一緒にいたいという願いが強くなり、いつも一緒に遊んだりくっついて離れなくなったりします。すると強い子どもは、自分の意見が通りやすくなり、思い通りになることが増えるため、次第に友達に「命令する」ような態度を示すようにもなります。他方で、くっついている子どもは外されたくないので「命令される側」になってしまいます。このように仲間関係が「**序列化**」しがちな時期でもあります。気に入らない子どもを仲間外れにしたり、わざといじわるな言動をする姿も見られることも多々あります。

　こうした関係があちこちで拡がると、クラス全体の活気が失われてしまいます。いつも強い子どもの顔色を見ながら他の子どもが園生活を送るようになったり、特定の子の意見しか通らないようになるなどです。これでは豊かに互いに育ちあう仲間関係、クラスの雰囲気とは言えません。

### ②子ども同士の関係性を読み取る

　初任者はこういう状況が見えにくく、捉えにくいのかもしれません。いつも遊びを取り仕切る子どもや命令している子ども、遊びの開始や終了の合図を出す子どもの様子を観察することで、序列化の様子がわかることもあります。ただし、このような発言力や影響力の「強い子」がいることは、決して悪いことではありません。新たな遊びがはじまったり、活発化したりするということもあります。気をつけ

るべきは、他者を「友達を力づくで押さえつける」「自由な発言や行動を許さない」といった理不尽さや不平等な関係です。

　保育者からの働きかけとして大切なことは、「強い子」を「叱る・押さえつける」ことではなく、言いなりになっている側の子どもたち（＝力の弱い子）が、嫌なことや不平等なこと理不尽なことがあったら「いや、やめて！」や「そんなことやりたくない！」と自分の思いを表現できるように配慮していくことです。幼児期のあいだに「イヤだ、やめて」と言える力をどの子どもにも身につけてほしいものです。そのためにも、そういう発言の機会を保育者が設けるなど力を貸すことも必要です。強い子どもも、周りの子どもが抱いている思いや感情を聞くことで、自身の言動を考え直すきっかけにもなります。

　さらには、こうしたトラブルをきっかけに「命令するのが友達なの？」とクラス全体に問いを投げかけていきたいものです。子どもたち同士で自分の体験や考えなどを話してもらいながら、「友達とはなにか」「どういう友達関係がいいのか」ということに気付くような話し合いを行っていきましょう。子どもたちは意外にも「ボクには友達はいない」と思っている子がいたり、「トイレも一緒に行くのが友達」と勝手な思い込みをしている子どもの姿がみられたりします。その様子を捉えるためにも必要なのが、**観察・記録**することです。とりわけトラブルの時などの子どもの発言をサッと記録して振り返ってみると、子どもたち同士の関係性が明らかになってくることがあります。また、そこから「**対等な関係**」に変えるための働きかけを考える資料として活用することができるでしょう。

　このように、対話や話し合い[*1]を周囲の子どもたちを巻き込みながら行っていくことで、他者との関わりについて子どもたちの理解が深まったり、クラス全体での意識づくりや決まりごとを考えるきっかけになるはずです。初任者は、すべて自分が解決しないといけないと思ってしまいがちです。しかし、問題を解決する主体は子どもたちです。子どもたち自身が解決できることを信じつつ、まずはサポート役に回りながら、子どもたちの言動の変化を意識しながら捉えていってみましょう。

## ③　5歳児クラス

　5歳児にもなると、クラスの仲間との活動を共有することの楽しさを感じること、そして目標に向かってみんなで知恵と力を出しあって、様々な課題や困難を乗り越えていく姿も見えてきます。

　ある園では、運動会の競技内容を子どもたち自身が決める話し合いをします。保護者に見せたい姿とは何か、自分たちが誇れるものは何か、ということから考えるのです。ある年は、「運動会、やる？やらない？」ということから話しあったそうです[*2]。それは「運動会をやりたい！」という子どもだけでな

*1　2017（平成29）年改訂の幼稚園教育要領には「主体的・対話的で深い学び」ができるような保育・幼児教育に取り組むよう記載されています。これは小学校以降の学校教育にも実施されるようになっており、これからの子どもの育ちに関わる重要な視点だと言えます。

*2　結果的には毎年「やる」ことに決まるそうです。子どもは生まれながら活動的・能動的な存在だからでしょう。「やりたくない」という気持ちの奥には、「やりたい！だけど不安…」という葛藤の姿が見えかくれします。そこを乗り越える力は、仲間と一緒に話し合うことから得られるものもあるようです。

く、「やりたくない」と思っている子が一定数いることに気付いたからです。運動会をやるか、やらないかは、子どもたちにとっても大きな問題です。この点についても子どもたちと共に考えるのです。問いかけによって、子どもたちは「やりたい」意見ばかりでなく「やりたくない子」の考えもみんなの前で話してもらったそうです。すると、「ボクが（走り方）おしえてあげる」や「コケても最後まで走りきるのが年長なんだよ」「お母さんだけでなく年下の子たちにも見てもらいたい！」と力を合わせることや仲間を助けること、運動会を成功させたい思いを共有できたり、なにより、自分たちがなぜ運動会をやるのかという意味も確認できる話し合いになったそうです。自分が楽しいと思えるような「やりたい活動」だけでなく、運動会という行事に取り組むことの意義を見出していく姿がそこにはあります。まさに、園の最年長としての意識が育っていると言えるでしょう。このように、子どもたちみんなで発言して、考えて、結論を出して、実行するという**園生活をつくりだす主体者としての姿**が見られる保育を目指したいものです。

★★☆　主にミドルリーダーに意識してほしい視点
# 指導する・される関係ではなく、対等な同僚性を築く

　経験を重ねてきたミドルリーダーや副主任は、指導的・相談的役割が求められます。そこでは、「これまでは〇〇をやっていた」や「私はこう行ってきた」というこれまでの保育や園の方針、そして自らの「経験」を伝えていく機会も増えることでしょう。それは保育の見通しを得る上で必要なことではあります。一方で、初任者は複数で保育する未満児クラスのように先輩保育者の日々の保育の仕方を見ながら学ぶことが、幼児クラスでは行いにくくなります。「参考にしてね」という程度で伝えたことを「それが（保育の）正解なんだ」「そうしないといけないんだ」と思い込んでしまったり、保育を「きれいにまとめよう」とすることがあります。そこには、「できなかったらどうしよう」「失敗できない」という不安や「私の保育を指摘（批判）されたくない」という思いがあるように思えます。管理職としての主任やミドルリーダーも初任者に配慮して不安や悩みを聞き出そうとしても「大丈夫です」や「とにかくがんばります」という返答だけで、どういう悩みがあるのかがわからず、アドバイスのしようもないことに悩んでいたりします。

　ある園では、初任者とミドルリーダーがペアを組み、**1冊のノートを共有する取り組み**が行われています。初任者は、そのノートに不安や悩み、うれしかったことなど何でも書いてよいのです。ミドルリーダーは、そのノートにコメントを書いたり、または直接話をしながら不安や疑問に寄り添っているそうです[3)]。保育実習みたいだと感じられるかもしれませんが、とても忙

しく、また不安や悩みが多く一人で対応しないといけない幼児クラスを担当する初任者だからこそ、それらを書き出す（吐き出す）場があること、それを一緒に考えてくれる先輩がいる安心感があることは、とても心強いことだと言えます。なにしろ、このような相談し合える関係性をもつことができることは、互いに育ち合える職員集団を形成する上でとても大切なことです。それが、次の後輩への指導などにもつながり、職員全体に広がると協働への意識や**同僚性**が育まれる基盤になっていくのでしょう。

　ミドルリーダーなどある程度の経験を有した保育者に年長クラスの担任が任されることも多いでしょう。それは最年長としての育ちの期待であり、小学校への接続期だからということもあります。同時に、進学を不安に感じる保護者の思いを受け止めるだけの器量も必要となり、経験年数をいくら重ねていても、やはり「私でもやっていけるだろうか」と心配になったり、不安やプレッシャーを感じる場面も少なからず出てきます。保護者の期待に添わなくてはと、小学校生活に適応する生活態度などを育てることに意識が向いてしまうこともあるでしょう。長時間机に座るなど、学習活動に適応させることを強いてしまってはいないでしょうか。子どもたちは、年長だからこそやりたいこともたくさんあるはずです。年長になった自分、成長できた自分、仲間と共に育ち合ったことを感じられて、自信がもてるような活動を大切にしていきたいものです。「わたしはやれる」「これからも成長できる」という実感を育むことが、小学校に進学しても前向きに歩んでいける原動力となるのであり、その力を後輩の保育者の内にも育むことが、ミドルリーダーとしての重要な働きになります。

**★★★☆　主に管理職者に意識してほしい視点**

# 保育の計画と自己評価

　「**小学校の連携・接続**」については、今後もより一層、重要視されていくことが予想されます。管理職としては、小学校とどのように連携していくのか悩んでいるところも多いのではないでしょうか。また、進学を心配している保護者への配慮や支援も必要となります。しかし、忘れてはならないことは、全体的な計画に記載している「保育目標」と照らし合わせて、私たちの保育がその目標を達成できていたのかということの振り返り、自己評価の視点です。

　卒園する子どもたちの「**要録**」のなかに書かれている一人一人の育ちや学びの姿が、各園の保育の成果でもあります。その育ちや学びの姿と、計画の記載内容と比べてどうだったのか、どう達成できていたのか、何が課題で難しいところはどこか、今後どう変えていくことが必要なのか、ということを園内で自己評価することで、次のより良い質の高い保育へとつなげていくことができます。もちろん、それは管理職だけが考えて修正していくものではありません。職員全体で共有しながら考え、また少しずつでも改善していこうとする姿勢こそが、職員集団全体の保育力

の向上や学びの深化につながります。

　保育は「計画通りにすすめること」が大切なのではなく、「**計画で方向性を確認しながらも、絶えず子どもたちの様子や状況を捉えて柔軟に変えていく姿勢**」こそが重要だと言えます。クラス担任はどうしても「今日の保育どうする？」と近視眼的な視点になってしまいがちです。管理職として、子どもの成長の姿の見通しをもちつつ、中・長期的な視点に立ちながら計画を柔軟に捉えつつ、何より「**子どもにとってどうなのか**」を問い続けながら、保幼小の接続を意識した幼児教育の展開のありように関わりをもつ、そのような役目があるではないでしょうか。

 **まとめ** 　充実した園生活こそ子どもの成長の基盤

　クラスの子ども数の増加、さらには行事や活動とクラス担任に大きな責任とプレッシャーがかかってくるのが、3歳以上児の保育です。これに加えて、近年では小学校との連携・接続が強調されており、これまで以上に幼児教育分野への注目がなされています。

　小学校へ意識を向けることに力を入れ過ぎず、大切なことは仲間との関わりを通しての「ああ、楽しくて充実した園生活だった。きっとこれからも私は大丈夫」という満足感と自分自身への期待感を育むことではないでしょうか。子どもは多少の段差や困難を乗り越えていける存在です。「○○ができる」といった個別の力を育むことよりも、そういうイキイキした姿、自信と仲間との信頼がたくさん築けるような園生活、そして、幼児教育でありたいものです。

**Work 1** 　悩み相談 　いざこざの場面、これでよかったのかな？ （所要時間40分）

　3歳児クラスを担当する初任者です。Kくんが突然やってきてCちゃんを突き飛ばしました。驚いたCちゃんは泣き出します。すると、それを側で見ていたMくんが「Kがわるい」といってKを叩いたのです。今度はKくんが泣き出しました。保育者はKくんに「ほら、友達を叩くから……。叩いちゃダメでしょ」と伝えます。するとKくんは、「だってCちゃんがボクの（おもちゃ）取ったのに～」と泣きながら訴えたのです。Kくんには叩かないようになってほしいのですが、私の働きかけはこれでよかったのでしょうか。

　KくんはCちゃんからおもちゃを取られ、また正義感を発揮したMくんから悪い者扱いされた上に叩かれ、さらには先生からも注意されるなど、まさに泣きっ面に蜂です。一方で、Kくんに「叩くことはいけない」と伝えたい保育者の気持ちもわかります。ここで考えたいのは、そういう保育者の意図や願いは、果たしてKくん本人に通じているのでしょうか。また、保育者の言葉かけは子どもの思いとズレていないでしょうか？

子どもの「いまやりたいこと・考えていること」と的外れな言葉かけでは、子どもたちの心には届きにくく、働きかけの意味が薄れてしまいます。このようなズレを理解できるようになると、その子どもの理解が深まり、同時に働きかけのポイントが明確になります。

ステップ①　記入してみよう。

では、このKくん、Cちゃん、保育者の三者には、どのようなズレがあったのか、以下の図表3-1の空欄に自分なりの考えを入れてみましょう（記入例にとらわれず、自分なりの解答を考えてみましょう）。

◆図表3-1　子どもと保育者の振り返りのための問い

| | Kくん | Cちゃん | 保育者 |
|---|---|---|---|
| **行動**<br>何をした? | Cを叩いた<br>→ Mから叩かれ、<br>　先生から叱られた | Kから叩かれて泣いた | 叩いたKを注意した |
| **望み**<br>何を望んでいた? | おもちゃを返してほしい | | |
| **思考**<br>何を考えていた? | おもちゃを取り返してやる! | | |
| **感情**<br>どう感じていた?<br>どういう感情がある? | 勝手に取られて怒ったぞ | びっくりした<br>痛い | なんで叩くの! |

出典：コルトハーヘン（F.Korthagen）による「教師の振り返りのためのALACTモデル」の質問項目を応用して筆者作成

ヒント

● どこの欄から書きはじめても構いません。思いついたものから記入しましょう。
●「行動」には、私（保育者）と子どもが実際に「何をしたのか」について、それぞれが具体的に行ったことや発言などを記入します。
● その「行動」の奥にある「望み」や「思考」、「感情」を推察しながら記入しましょう。その時の子どもの表情、態度、口調、目線なども参考になります。
● 思いつかない箇所は「無記入」でもよいです。
● 自分と子ども、または自分の行動と自分の内面（子どもも同様）に、かみ合わないところ、ズレがないか考えてみましょう。
● 自分一人で考えてもいいですが、別の保育者と一緒に考えるとより多面的に子どもの理解につながることがあります。

**ステップ②** 考えて、話し合ってみよう。

　図表3-1に記入したことをもとに、次の問いについて考え、他の保育者と意見を交換してみましょう。

**問①** 保育者とKくん、Cちゃんの内面には、どんなズレがあると考えられますか？

.................................................................................................

.................................................................................................

.................................................................................................

.................................................................................................

.................................................................................................

.................................................................................................

**問②** Kくんは、側にいたあなた（保育者）にどういう言葉をかけてほしかったのでしょうか？また、もし同じような場面に出くわしたら、どのような言葉をかけますか？

.................................................................................................

.................................................................................................

.................................................................................................

.................................................................................................

.................................................................................................

.................................................................................................

**ステップ③** その他の事例においても、この図表を活用してみましょう。

.................................................................................................

.................................................................................................

.................................................................................................

**ヒント**

　Kくんは「おもちゃを返してほしい」という「願い」があるのに、保育者はそれについての「行動（言葉かけ）」は一切ありません。これではKくんにとっては「なぜ自分だけ叱られる？」と思ってしまったのではないでしょうか。「叩くこと」だけに焦点をあて、保育者自身の「願い」ばかりをKくんに伝えているところもズレがあると考えられます。また、叩かれたCちゃんの望みは「謝ってほしい」ということなのでしょうか？　さらに、Kくんはおもちゃを取り返すことができていないのに、Cちゃんに素直に謝ることはできるのでしょうか。

　このように子ども同士の思いのズレについて、図表3-1を記入していくなかで気付くことがあるかもしれません。

**引用文献**

1) 塩崎美穂『子どもとつくる3歳児保育——イッチョマエ！が誇らしい』ひとなる書房　2016年
2) 宮里六郎『「荒れる子」「キレル子」と保育・子育て』かもがわ出版　2001年
3) 清水玲子『保育園の園内研修』筒井書房　2004年　p.80

## 第3節 障害児保育

### はじめに　広がるインクルーシブ保育

多様な教育・保育への対応を目指した**インクルーシブな保育**が保育現場で浸透してきています。それに伴い、発達障害をはじめとする障害がある子どもに関わる保育者の専門性が重要視されるようになってきています。障害がある子どもが示す行動は、まさに十人十色です。したがって、障害があるから支援の対象とするといったことからスタートするのではなく、保育の場であれば保育者による適切な「気付き」からスタートするべきです。「このようなことに困っているのではないか？」「こうすればもっとわかりやすいのではないか」といった「気付き」です。この意味では、診断名に捉われず、困っている子どもを支援することが教育・保育ということができます。

保育者のみなさんも、それぞれの場所で障害がある子どもへの保育を日々苦悩しながら実践されていることと思います。それを踏まえた上であえて断言しますが、「保育者が対応や支援に困っている子どもは、子ども自身が困っている」ということです。

そこで、子どもの姿を捉える視点や環境構成のポイントから子どもを取り巻く人たちとの連携のあり方までを再確認したり、整理したりすることが求められます。さらに、それらを同僚保育者と共有していくことが期待されます。

この節では、障害児保育を実践する保育者のキャリア形成について、以下の3つの視点から検討してみましょう。

> ☆☆☆ **初任者から意識してほしい視点**
> ## 適切な発達の理解と障害児保育への基本的な取り組み
>
> ☆☆☆ **主にミドルリーダーに意識してほしい視点**
> ## 他児との関係や環境調整とそれを具体化する指導計画
>
> ☆☆☆ **主に管理職者に意識してほしい視点**
> ## 保護者及び小学校との連携

☆★★★ 初任者から意識してほしい視点

# 適切な発達の理解と障害児保育への基本的な取り組み

## 1 障害がある子どもを理解する

### ①未来の共生社会の担い手を育てる

幼稚園教育要領の前文には、「一人一人の幼児が、将来、自分のよさや可能性を認識するとともに、あらゆる他者を価値のある存在として尊重し、多様な人々と協働しながら様々な社会的変化を乗り越え、豊かな人生を切り拓き、持続可能な社会の創り手となることができるようにするための基礎を培う」と明示されています。学習指導要領にも同様の文が示されており、この理念の重要性が理解できます。この、「あらゆる他者を価値のある存在として尊重し、多様な人々と協働」する社会を換言すると、「**共生社会**」になります。

共生社会とは、「すべての人が障害、年齢、性別や性的指向、国籍や民族、信仰などによって差別されず、能力を生かした積極的な社会参加ができ、支援者と被支援者を区別することなく共に支えあいながら生きる社会のこと」[1]です。子どもは、共生社会を担う重要な一員です。複雑になっていく今後の社会を考えますと、未来の共生社会の担い手を育てることの意義はたいへん深いと言えます。

### ②発達を捉える

#### ●障害と発達

みなさんは、「**発達**」という言葉から何を想像しますか？大半の人は、保育所保育指針の「第2章 保育の内容」で示されている発達年齢別の子どもの姿なのではないでしょうか。たしかに、子どもへの保育を検討する際には、保育所保育指針に示されている姿はクラス経営の視点から捉えても、重要な手がかりになります。しかし、障害がある子どもを含めた保育を考える時、「**個人間差**」「**個人内差**」も捉える必要があります（図表3-2）。

◆図表3-2　個人間差と個人内差の違い

| 個人間差 | 子どもの発達にはおおむね一定の筋道（過程）がある。一人一人の子どもが発達の道筋のどのあたりにいるかによって生じる個人間の差。 |
| --- | --- |
| 個人内差 | 一人一人の子どものなかで、発達に生じている差。 |

出典：筆者作成

幼稚園教育要領や幼保連携型認定こども園教育・保育要領では、「**一人一人の発達の特性に応じた指導**」の大切さが示されています。それは、個人間差と個人内差の双方を理解して指導する必要性があると捉えることができます。

たとえ同じ年齢同士の子どもであっても、それぞれの子どもの生活経験や興味・

関心は子どもによって異なります。保育者は、子どもの遊びについてその子の発達にとってどのような意味があるのかを探ることが求められ、それらをスムーズに探る視点として個人間差と個人内差を理解した指導が必要なのです。特に、障害がある子どもの場合、個人間差に着目しやすい傾向がありますので、同時に個人内差も丁寧に捉えることが求められます。

● 発達の順序性

発達には、一定の**順序性**と**方向性**があります（図表3-3）。このたどるべき発達の順序性や方向性に対して、なかには、独特な発達の順番だったり、方向だったりする子どもがいます。保育者は、違和感がある発達の仕方をした子どもがいた場合、保育への工夫が求められます。

◆ 図表3-3　発達の順序性と方向性

| 順序性 | 階段を一歩一歩上っていくように変化が生じる順序は決まっている。たとえば、歩行には、①首がすわる、②寝返りを打つ、③おすわり・ハイハイをする、といった筋道をたどる。 |
|---|---|
| 方向性 | 身体が発達する部位には決まった方向性がある。たとえば、首がすわることで寝返りができ、つかまり立ちができるようになる（頭部から下部へ）。また、乳児は手足をバタバタさせて動かし、興味があるものに手を伸ばそうとする。この動きから次第に指で物をつまめるようになる（中心部から末端部へ）。 |

出典：筆者作成

③環境への工夫が必要

障害がある子どもの診断名は、あくまでも**医学モデル**（心身の不具合の状態を指して障害とみなすモデル）に基づくものです。一方で、保育実践には、**社会モデル**（障害は個人に存在しているのではなく、社会ないしは社会と個人の相互作用や関係性のなかに存在するとみなすモデル）に基づいて保育室内外の環境を見直すことが重要です。周囲の環境が整うことで生活機能の制限が少なくなり、障害の状態が変化することが期待できるのです。

このように、障害の医学的な診断の有無にかかわらず、社会的な保育環境の見直しを図ることで、子どもの生活経験が豊かになることを念頭に置きましょう。

## 2　目指すべき「インクルーシブ保育」とは

一人一人の個性を大切にし、障害の有無にかかわらず、共に育ち合うことを目指す保育を「**インクルーシブ保育**」と言います。インクルーシブ保育という言葉から、「障害がある子の支援を目的とした保育」と捉えがちですが、どの子どもも主体的に園生活を送れるように、すべての子どもを大切にする保育を意味します。インクルーシブ保育の実現には、以下の要素が求められます（図表3-4）。

すべての土台となるのは、**保育者の専門性**です。もちろん、障害に関する知識やスキルの向上は大切ではありますが、それ以上に大切なのは全体的な計画などをは

じめとする通常の保育を丁寧に検討して実践することなのです。インクルーシブ保育のポイントは、次の3つです。

### ①子どものポジティブな面に着目する保育

　子どもの良さや得意なこと、好きな遊びや好きな友だちのタイプなど、クラスにいるすべての子どものポジティブな面に着目している保育です。これは、障害がある子どもの居場所を作ることにもつながります。ポジティブな面は必ずや支援を考える際のヒントになります。

### ②活動に複数の目標が設けられている保育

　「同じの目標をもと、一律の内容でする」という保育では、「同じようにできない子」「あえて（同じように）しない子」が参加できません。「（この活動の）〇〇君の目標は？」と事前に設けることで、子どもだけではなく、保育者も混乱することなく取り組めます。

### ③子どもの姿を多面的な視点で捉える保育

　子どもが示す行動を常に固定した視点から捉えると子どもの実態から離れることがあります。つまり、保育者の枠組みから"のみ"、子どもの行動を捉えてしまいます。他の保育者の捉え方も参考にしながら、様々な視点から実態を捉えていきましょう。

◆図表3-4　インクルーシブ保育の構成要素

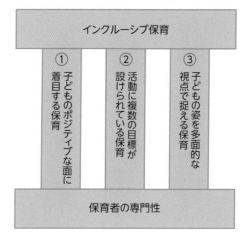

出典：筆者作成

　インクルーシブ保育には、「難しそう」「保育とは別物」という印象があったかもしれません。しかし、このように、通常の保育を丁寧に振り返り、検証することが充実したインクルーシブ保育につながります。このことから、ふだんの保育の延長線上に位置付いていることがわかります。

**主にミドルリーダーに意識してほしい視点**

# 他児との関係や環境調整と それを具体化する指導計画

## 1 障害児に配慮した環境構成

### ①望ましい環境

　保育所保育指針の「第1章 総則」には、保育所保育に関する基本原則として「**環境を通して、養護及び教育を一体的に行うこと**」を特性として述べています。さらに、保育室への配慮には「温かな親しみとくつろぎの場となるとともに、生き生きと活動できる場となる」ことを挙げています。保育者は、日常的に子どもの遊びがより広がるような環境や障害の有無を問わず、生活をしやすい環境を検討していく必要があります。特に、障害児は手先の不器用さや興味・関心の違いなどから生活上の動作が行いづらかったり、思うように遊ぶことができなかったりすることが予想されます。したがって、障害がある子どもの保育を考える際、継続的な関わりの工夫とあわせて、環境面への検討が求められます。

### ②合理的配慮

　これまで述べてきた通り、障害がある子どもへの保育では、その子どもがもつニーズに対応する環境への配慮が必要とされます。近年では、こうした障害特性に対応する環境のあり方について、制度として取り組みがなされています。それは、「**合理的配慮**」と呼ばれる取り組みです。合理的配慮は、障害者が他の者との平等を基礎として行われるものです。ここには、障害の有無によって差別的な対応を防ぐという意図が含まれています。そして、それを実現するために環境を適切に調整する必要があることを意味します。

　このことから、保育の環境には「環境に子どもをあわせる」のではなく、「子どもに環境をあわせる」といった考え方が求められるのです。

### ③クラス全員の子どもが生活しやすい環境づくり

　保育室の内外で大切なことは、「どの子どもにとっても過ごしやすい環境」であることです。この考え方を具現化していく上で、アメリカのノースカロライナ大学で開発された**TEACCHプログラム**が参考になります。このなかの「**構造化**」という支援方法が、日本でも療育や教育の現場でも取り入れられ、その有効性が浸透されてきています。

　構造化は、図表3-5の4つの要素から子どもの障害に合わせた環境を検討します。

3
–
3

障害児保育

◆図表3−5　構造化の4つのポイント

| 1.<br>「場所」の構造化 | 周囲の余分な刺激を減らし、その場所で何を行うのかがわかるような場所を設定する。一斉での活動では棚を布で隠して落ち着いた環境にしたり、自分のもち物の場所やおもちゃを片付ける場所が視覚的に理解できるようにする。 |
|---|---|
| 2.<br>「時間」の構造化 | 「今日の予定」など、時間の流れ（スケジュール）を具体的に示し、どのような活動でどのような順序で行うかを明確に示す。理解しやすいやり方は、子どもによって異なるので実物・写真・絵・文字などを使い、スケジュールの提示の数も調整する。 |
| 3.<br>「活動」の構造化 | 保育者の言葉を聞く力や記憶する力が乏しい子どもには、複数の指示を伝えられると困惑する。そこで、子どもに課題や活動を「何を、どれだけ、いつまでやるのか。そしてそれが終わったら何をするのか」を提示する。 |
| 4.<br>「言語環境」の構造化 | 発達障害がある子どもの多くは、「聞いて」理解するよりも「見て」理解する方が得意。したがって、視覚的な手がかりを工夫する。また、記憶にとどめておくことが苦手な子どもにも視覚的な支援は有効である。さらに、基本的な友達とのコミュニケーションスキル（振る舞い方やマナーなど）も視覚的に示すと理解しやすい。 |

出典：筆者作成

## 2　個別の指導計画の実際

### ①個別の指導計画とは

　個別の指導計画は、一人一人の教育的ニーズに対応し、園で指導を行うために計画するものです。作成に当たっては、各園の教育課程や全体的な計画を具体化し、障害のある幼児など一人一人の指導目標、指導内容及び指導方法を明確にして、具体的な指導が可能になるようにします。幼稚園教育要領解説の「第1章　総則」の「第5節（2）②個別の指導計画」には次のように書かれています。

> 　個別の指導計画は、個々の幼児の実態に応じて適切な指導を行うために学校で作成されるものである。個別の指導計画は、教育課程を具体化し、障害のある幼児など一人一人の指導目標、指導内容及び指導方法を明確にして、きめ細やかに指導するために作成するものである。

　このことは、子どもの実態に応じて適切な指導を行えるよう、一人一人の指導目標、指導内容及び指導方法を適切にかつ具体的に記していくことが大切なことを示しています。また、個別の指導計画には、子どもの様子（困りごと等の実態）、方向目標としてのねらい、環境構成や援助などが、整理されて明示される必要があります。個別の指導計画を担任、支援員、預かり保育担当等の子どもの指導に関わる人が共有することにより、計画的・継続的な指導が可能になります。そのためにも、個別の指導計画は、子どもに関わるすべての人が読んでわかるような記載をする必要があります。

### ②個別の指導計画の作成に当たって

　個別の指導計画の作成には、各都道府県の教育委員会で作成された手引き等が参

考になります。それをもとに各園の実態に応じて工夫を加えて作成するとよいでしょう。では、作成の目的や流れを読んで理解を深めましょう（図表3-6）。

◆ 図表3-6　個別の指導計画の作成の4つのステップ

### STEP 1
みんなで育ちを
応援していける
計画の作成する

個別の指導計画には決まった形式はない。どのような形式であれ、指針・要領で示されている教育・保育の基本をベースにすることが大切である。一人一人の理解を深めるために、子どもの育ちに思いを馳せ、みんなで育ちを応援していける指導計画の作成を目指す。

### STEP 2
子どもの育ちを、
様々な方向から捉えて
課題から目標を
総合的に検討する

「何かをできるようにする」ために作成するのではなく、発達を見通し、今、その子どもにとって「必要な経験」を考える。たとえば、今後、複数の友達と一緒に遊ぶことができるようになるために、今は「特定の友達とじっくり遊ぶ」という目標（ねらい）を立てる。

### STEP 3
具体的な指導方法を
考える

障害名や障害の診断の有無にかかわらず、困っていることに着目する。そして、原因の可能性を挙げていくとどこに問題があるかが整理できる。それを踏まえて指導方法を検討する。療育機関に通っている場合、そこで作成されたプログラムなどをヒントする。

### STEP 4
子どもの育ちと
指導を振り返り、
改善の方向を探る

単純に「目標を達成できたか？」という評価ではなく、手立てや環境づくりなどの保育の振り返りや計画についての評価である。評価の対象者は、子どもではなく、保育者である。

出典：筆者作成

★★★　主に管理職者に意識してほしい視点
# 保護者及び小学校との連携

## ❶ 保護者に対する理解と支援

　保護者が自分の子どもの障害を理解し、受け入れることを「**障害受容**」と言います。障害受容のプロセスは、次の5段階にわけられます。

**Ⅰ.ショック → Ⅱ.否認 → Ⅲ.悲しみと怒り → Ⅳ.適応 → Ⅴ.再起**

　この5つの時期に関するモデルは、先天奇形をもつ子どもの出産後の母親の心情を研究したモデルです。つまり、比較的早い段階で子どもに障害があることがわかりますが、それでも受容は難しいと言われています。たとえば、「社会性が乏しい」といった障害像の輪郭がわかりづらい発達障害系の子どもの場合、さらに、保護者の障害受容が難しいことは容易に想像ができるのではないでしょうか。また、障害を受容する過程で保護者に影響を与える要因は、図表3-7に示した通り、多様な要素が複雑に影響を与え合いながら形成されていきます。このことからも、保育者は障害受容の難しさについて学び、保護者支援には慎重に対応していきましょう。障害受容は容易にはできない、という視点に立つところから支援をスタートさせることが重要です。

◆図表3−7　障害受容に影響を与える要因

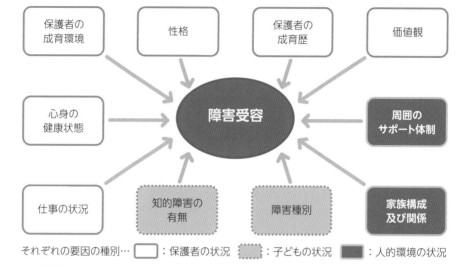

それぞれの要因の種別…　□：保護者の状況　▨：子どもの状況　■：人的環境の状況

出典：守巧編著『子ども家庭支援論──保育の専門性を子育て家庭の支援に生かす』萌文書林　2021年　p.128

## ② 小学校との連携

　保育者は、障害がある子どもの就学先としてどのような選択肢があるのかを理解しておく必要があります。子どもの特性に基づいて、入学後どのような支援が受けられるのかを把握します。就学先は、主に通常学級（いわゆる普通級）ですが、それだけではありません。

　保護者が市町村の教育委員会に設置された**就学支援委員会**（自治体によって呼び方は異なる）に相談した場合、図表3-8に示した学校・学級について話し合いがあります。保育者は、就学相談をしている保護者の心情に寄り添いながら、その意思を尊重していきます。

　また、保護者と保育者が子どもの様子と学校で配慮してもらいことを書いて就学先に提出する「**就学支援シート**」（自治体によって名称は異なる）があります。これまで行ってきた支援や効果があった指導方法、子どもの様子などを記載します。作成・提出は、あくまでも保護者の自由意志で作成しますが、子どもにとっては就学してからの支援を支えるものです。まずは、可能な範囲で作成するとよいでしょう。

◆図表3−8　障害がある子どもの就学先

| 学校・学級 | 概要 |
|---|---|
| **通常学級に在籍しながら、通級指導教室に通う** | 通常の学級に在籍している、比較的障害の程度が軽度な子どもが対象。週に1〜8時間程度、通級指導教室で指導を受ける。 |
| **特別支援学級** | 小学校内に設置されている学級。知的障害児や肢体不自由児などを対象とし、比較的軽度の障害児が対象となる。1クラス8名以下の児童数、異年齢で構成され、障害の特性に応じた個別指導を受けることができる。 |
| **特別支援学校** | 障害の程度が比較的重い子どもが対象。主な障害は、視覚障害、聴覚障害、知的障害、肢体不自由、病弱（身体虚弱も含む）。1クラス6名以下で構成され、重複障害児であれば3名以下の構成となる。 |

出典：筆者作成

## GOAL まとめ　自分の言葉で語れるように

　これまで述べてきた通り、障害がある子どもが示す行動や背景は、個々によって異なります。新任者は積極的に先輩保育者から助言をもらうと共に、情報を共有することが求められます。管理職は何もかもはじめての新任者が置かれている状況を理解しつつ、子どもの見立てから具体的な関わりまでをフォローしなければなりません。

　園内研修は、子どもの情報や状況を共有する時間にもなり得ますし、保育者同士で考えや思いを交換できる時間にもなり得ます。そこで、大切なことは「自分の考えや思いを自分の言葉で語る」ことです。子どもの実態が思うようにつかめず、言葉が見当たらないことも考えられます。もしかしたら、「違和感」や「何となく」といった言語レベルかもしれません。

　しかし、保育者は子どもと毎日接しているからこそ、表現できる言葉があるはずです。そして、その言葉を同僚保育者が受け取ることで見えてくるものがあるかもしれません。どの立場であっても対話を活性化することを目指しながら、園全体での情報共有と、チームとしてスキルアップを目指しましょう。

## Work 1　悩み相談　支援の手がかりが見つかりません　（所要時間70分）

　園では、診断はないものの対応に困る気になる子が多くいます。一斉での活動に参加してもらいたいのですが、なかなか参加してくれません。どうしてそのような行動をするのか、どこから支援をしたよいのかわかりません。私たちなりに支援を考えて実践しているのですが、手ごたえがありません……

▶ ステップ①　上記のように、あなたの働く園で、支援の手がかりが見つからないでいる気になる子どもの例を挙げてみましょう。

.........................................................................................
.........................................................................................
.........................................................................................
.........................................................................................
.........................................................................................
.........................................................................................
.........................................................................................
.........................................................................................

3
‒
3

障害児保育

**ステップ②** ①で挙げた気になる子どもを1人選び、図表3-9「支援の手がかり発見シート」を、みんなで話し合いながら書き込んでみましょう。

◆ 図表3-9　支援の手がかり発見シート

| 支援のヒントとなるポジティブな情報（その子どもの良いところ、得意なこと、好きなことなど） | | | |
|---|---|---|---|
| ①子どもの実態<br>**困っています！** ➡ | ②保育者の願い<br>**こうなってほしい！** ➡ | ③行動の原因<br>**うまくいかない！** ➡ | ④支援<br>**どうしたらよい？** |
| | | | |

出典：筆者作成

**ヒント**

　具体的な支援に効果が見られない場合、子どもの問題となる行動"のみ"に着目していることが少なくありません。あわせて、「望ましくない行動」を「望ましい行動」に変えるといった矯正的な支援が多いのかもしれません。そこで、子どもの行動の背景や保育者の思いなどを整理した上で、支援を考えましょう。図表3-9に書き込みながら、順序立てて整理していくことで「行動→支援」という事後的対応ではなく、「支援→減少」という予防的な観点で支援が考えられるようになります。支援を検討する際に、子どものポジティブな情報がヒントを与えてくれます。子どもの強みを生かせる支援を考えましょう。保育者同士で多様な意見を出し合いながら、本ワークを進めていくとこれまで見えていなかった子どもの姿や効果的な支援が浮かび上がってくるかもしれません。

**Work 2** 環境構成を振り返ってみよう （所要時間60分）

　障害児保育における環境を整える重要性は、本書の57ページで述べました。そこで、障害がある子どもが生活しやすい環境構成を園内で共有し振り返るとともに、さらにどの子にとっても過ごしやすい環境を目指すために、本ワークに取り組んでみましょう。

**ステップ①** 次の観点から写真（イラストでも可）を用意します。それをもとに発表しあいます。
（1）障害がある子どもが生活しやすいよう工夫している保育室の環境
（2）うまくいっていない環境・手ごたえを感じない環境

**ステップ②** 写真を模造紙に置きながら、似たような内容の写真をグルーピングしつつ、大まかなカテゴリーをつくります。

**ステップ③** カテゴリーが固まってきたら模造紙に写真を貼り、グルーピングされた写真の内容を表す「カテゴリー名」を記入します（図表3-10）。

◆ 図表3−10　模造紙の使用例のイメージ図

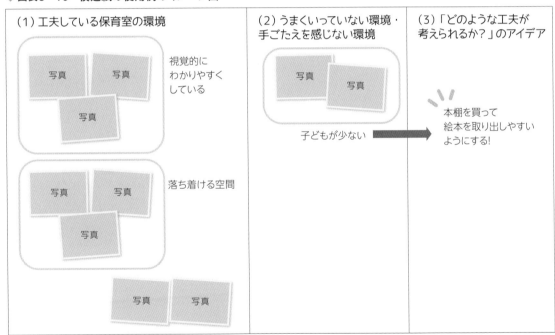

出典：筆者作成

**ステップ④** 完成した模造紙をグループごとに発表しあい、共有します。

**引用文献**

1) 中坪史典他編集委員『保育・幼児教育・子ども家庭福祉辞典』ミネルヴァ書房　2021年

## 1. 食育対応

### はじめに 食育の理解

　2005（平成17）年に成立された**食育基本法**により、食育は、生きる上での基本であるとされ、子どものうちから、様々な経験を通じて「食」に関する知識と「食」を選択する力を習得し、健全な食生活を実現することができる人間を育てることの大切さが見直されてきました。そして、保育所保育指針や幼保連携型認定こども園教育・保育要領においても、食育の推進が求められています。

　保育所等においては、2004（平成16）年に厚生労働省が「**楽しく食べる子どもに～保育所における食育に関する指針～**」を公表し、2012（平成24）年には「**保育所における食事の提供ガイドライン**」が出されています。現代は、保護者の就労も増え、家族の生活は夜型化し、利便性や簡便さが求められるなか、食への価値観も変化しています。また家族で共に食事をする機会が減少し、家庭で「食を営む力」を培うことが難しい環境となってきました。乳幼児期の子どもたちにとって、生活時間の大半を過ごす保育所での食育は、心身の健やかな成長のために重要な意味をもつと考えられます。

　この節では、食育に携わる保育者のキャリア形成を、次の3つの視点でとらえ、考えていくことにします。

 初任者から意識してほしい視点
## 健康な生活の基本としての「食を営む力」の育成

 主にミドルリーダーに意識してほしい視点
## 子どもの生活や発達を考えた食育計画の実践

 主に管理職者に意識してほしい視点
## 専門知識や技術を生かし、マネジメントを意識した食育実践

**初任者から意識してほしい視点**

# 健康な生活の基本としての「食を営む力」の育成

　保育所の場合、保育所保育指針の「第3章　健康及び安全」に食育の推進について記載されています。そこでは、保育所が、健康な生活の基本としての「食を営む力」の育成に向け、生活と遊びのなかで食に関わる体験を積み重ね、食べることを楽しみ、食事を楽しみ合う子どもに成長していけるよう、全体的な計画に基づいて食育計画を作成し実践することが求められています。

　「保育所における食育に関する指針」では、子どもたちが食育を通じて、図表3-11のように育っていくことを期待し、具体的な内容として、図表3-12にある食育の5項目を挙げています。これが初任者として、まず意識したい視点となります。

◆ 図表3-11　5つの子ども像

```
            ①
         お腹がすく
       リズムのもてる子ども

  ②                      ③
食べたいもの、    😊    一緒に
好きなものが              食べたい人が
増える子ども              いる子ども

  ④                      ⑤
食事づくり、            食べものを
準備に関わる子ども      話題にする子ども
```

出典：厚生労働省「楽しく食べる子どもに　～保育所における食育に関する指針～（概要）」2004年　p.2

◆ 図表3-12　食育の目標「食育の5項目」

①「食と健康」

②「食と人間関係」

③「食と文化」

④「いのちの育ちと食」

⑤「料理と食」

出典：図表3-11と同じ

**主にミドルリーダーに意識してほしい視点**

# 子どもの生活や発達を考えた食育計画の実践

　保育所における食育実践は、独立した活動ではなく、全体的な計画に基づいて食育計画が作成されなければなりません。栄養士が配置されている園では、保育者と栄養士が連携して計画を作成し、その内容は、それぞれの保育所の特色を生かせるよう創意工夫することが大切です。保育所、あるいは幼稚園やこども園だからこそできる体験とは何か、自園で取り組む体験なのか、保護者や地域の関係機関と連携

◆ 図表3-13　食育実践例

- バイキング給食
- 園児と保護者向け「食育授業・食育講座」
- 食べることを楽しむ「リクエストメニュー」
- 小学校との連携「給食の試食会」
- 地域との連携「地産地消学習」
- 保護者も一緒に「お花見ランチ」
- 栽培、収穫、調理　など

出典：全国保育士会「子どもの育ちを支える食　～保育所等における「食育」の言語化～」2020年　一部抜粋

して実施するものか、食育を通じた交流活動、地域見学や体験活動、地産地消の取り組みなど、様々な取り組みが考えられます。食育は、決して特別な活動をしなければならないのではなく、日常的な保育活動のなかで、子どもの生活や発達を考えながら保育の指導計画を通じて考えていくことが重要です（図表3-13）。

★★★ 主に管理職者に意識してほしい視点

## 専門知識や技術を生かし、マネジメントを意識した食育実践

保育者は、食育の基礎知識を学び、実践知を増やすことが大切です。たとえば、栄養に関する基礎知識がなければ、子どもたちに「給食を残さず食べましょう」「好き嫌いをしないで、バランスのとれた食事をしましょう」などについて、子どもたちにその理由を問われた時に答えられません。三大栄養素、食事摂取基準、献立の作成、調理の基本などの知識や技術を学び、指針・要領等をはじめ、食育基本法、保育所における食育に関する指針、保育所における食事の提供ガイドラインなどに目を通しながら、保育所等における食育推進の意義について理解を深めることが必要です。管理職は、初任者を含めすべての職員が、多くの実践事例に触れられるよう、活動事例集を読んだり、研修に参加するなどの学ぶ機会を設けることが必要です。

また管理職は、経験や実践を重ね、新任者をはじめ、すべての職員の相談や指導に当たる立場となります。食育に関しては、全体的な計画に基づいて食育計画を立案し、リーダーシップをとって実行し、時に若手保育者の相談や指導に当たり、**マネジメントサイクル（PDCA）**を活用して実践に対する計画、評価をしていく立場となります。

GOAL まとめ ## チーム力を磨き、チームで対応する

最後に、園の方針に沿って保育を実践していくためには、保育者の食育に関する知識や技術を高め、食育計画の立案・評価などのできる実践力を育て、職員間で連携できるチーム力が必要です。管理職は、日々、保育者の衛生管理に務めながら、食中毒対策や食物アレルギー、アナフィラキシーへの対応など緊急事態に備えた対策を行う立場でもあり、その他にも食を通した保護者支援や相談援助、地域や関係機関との連携など、幅広い専門性の高い役割が求められます。多くの責任を一人で抱えるのではなく、栄養士や看護師など他専門職種との連携を図りながら、日ごろから職員間での話し合いの場をもつなどを習慣化できるとよいでしょう。

**Work 1** 　悩み相談 　# おかずを食べてくれません 　(所要時間30分)

3歳児クラスの担当保育士です。保護者から次のような悩みを相談されました。どう対応したらよいでしょうか。

2歳4か月の息子の偏食で悩んでいます。白いご飯は食べるのですが、それ以外のおかずをほとんど食べてくれません。白いご飯だけだと発育に影響するのではないかと心配になるので、果物やジュースをほしがるだけ食べさせたり飲ませたりしてしまいます。そうするともっと食べません。どうすればいいのでしょうか（男の子のママ）。

▶ **ステップ①** あなたの考えやアイデアを書き出してみましょう。

.........................................................................................................
.........................................................................................................
.........................................................................................................
.........................................................................................................

▶ **ステップ②** 考えたことやアイデアをもとにみんなで話し合ってみましょう。

.........................................................................................................
.........................................................................................................
.........................................................................................................
.........................................................................................................

**ヒント**

対応の一例を挙げますので参考にしてください。

「毎日、食べてくれないお子さんを見て、不安や心配に思っているお母さまの辛いお気持ち、よくわかります。子どもの成長を考えると、いろいろな食材をバランス良く食べてほしいと願うものですが、2歳という年齢のお子さんには、よく見られる事例です。「今は、食べたくない」という気持ちからなのか、「食感や味を敏感に感じやすい」のか、食べないと「お母さんの顔が困っていたり、怖い顔だから」と意地を張っていたり、お子さんによって、様々な理由があるようです。ご飯の時間が嫌いになってしまっては、そのあとずっと食べることが嫌いなお子さんになってしまいます。まずは、お母様やご家族が食事を楽しむことが大切です。楽しく食べる大人の様子が心地よくて、ごはんの時間が楽しみになるようにしましょう。

保育所でも給食の時間が楽しくなるよう、食べることが楽しいと思えるよう努力しますね。また、お子さんがよく寝て、よく遊んで、体重の増加もあって、元気であれば、白いご飯しか食べないのではなく、白いご飯を食べられていると思って、少し長い目で見てあげるとよいと思います。大人になっても、白いご飯しか食べないことはありませんので、一時のことだと思っても大丈夫です。ご飯をおいしく食べるポイントは、「早寝、早起きをする」「たくさん遊ぶ」「お腹がすいたという感覚をつける（だらだら食べをせず、食べなくても20分くらいで食事を下げる）」ことが大切です。また困ったら、いつでもご相談ください」。

# 2. アレルギー対応

アレルギー疾患とは

　アレルギー疾患とは、「保育所におけるアレルギー対応ガイドライン（2019年改訂版）」（以下、ガイドライン）によれば、図表3-14のように示されています。細菌やカビ、ウイルスなどから、体を守る働きが免疫反応ですが、アレルギー疾患は、ダニ、ホコリ、食物、花粉など無害なものが微量に人体に入ってくるだけで過剰に免疫反応を起こします。免疫反応は様々で、目のかゆみ、充血、涙目、唇の腫れ、くしゃみ、鼻水、鼻詰まり、湿疹、じんましん、かゆみ、乾燥、血圧低下、顔色の悪化、悪心、嘔吐、下痢、便秘などがあります。食生活や住環境などの変化により、小児のアレルギー疾患は増加傾向にあるため、専門的知識や対応力が求められています。

　ここでは、アレルギー対応に携わる保育者のキャリア形成を、次の3つの視点でとらえ、考えていくことにします。

◆ 図表3-14　アレルギー疾患

| | | |
|---|---|---|
| アレルギー疾患とは、**本来なら反応しなくてもよい無害なものに対する過剰な免疫（めんえき）反応**と捉えることができます。 | 保育所において対応が求められる、乳幼児がかかりやすい代表的なアレルギー疾患には、**食物アレルギー、アナフィラキシー、気管支ぜん息、アトピー性皮膚疾患、アレルギー性結膜炎、アレルギー性鼻炎**などがあります。 | 遺伝的にアレルギーになりやすい素質の人が、年齢を経るごとに次から次へとアレルギー疾患を発症する様子を"**アレルギーマーチ**"と表します。 |

出典：厚生労働省「保育所におけるアレルギー対応ガイドライン（2019年改訂版）」2019年

 **初任者から意識してほしい視点**

## 乳幼児がかかりやすいアレルギー疾患への理解

 **主にミドルリーダーに意識してほしい視点**

## 保育所におけるアレルギー対策の実践

**主に管理職者に意識してほしい視点**

## 事故を防ぐための組織づくりと、子どもの命と安全を守る

**初任者から意識してほしい視点**

# 乳幼児がかかりやすいアレルギー疾患への理解

　乳幼児がかかりやすいアレルギー疾患は、食物アレルギー、アナフィラキシー、気管支ぜん息、アトピー性皮膚炎、アレルギー性結膜炎、アレルギー性鼻炎などですが、小児の場合は、複数の疾患を合併していることが多く見られます。予防対策として、アレルギー疾患に対して、特にアレルギーを引き起こしやすい保育場面を、保育者が把握しておくことが重要です（図表3-15）。

◆ 図表3−15　アレルギー疾患と関連の深い保育所での場面

| 生活の場面 | 食物アレルギー・アナフィラキシー | 気管支ぜん息 | アトピー性皮膚炎 | アレルギー性結膜炎 | アレルギー性鼻炎 |
|---|---|---|---|---|---|
| 給食 | ○ | | △ | | |
| 食物等を扱う活動 | ○ | | △ | | |
| 午睡 | | ○ | △ | △ | △ |
| 花粉・埃の舞う環境 | | ○ | ○ | ○ | ○ |
| 長時間の屋外活動 | △ | ○ | ○ | ○ | ○ |
| プール | △ | △ | ○ | △ | |
| 動物との接触 | | ○ | ○ | ○ | ○ |

○：注意を要する生活場面　　△：状況によって注意を要する生活場面

出典：厚生労働省「保育所におけるアレルギー対応ガイドライン（2019年改訂版）」2019年　p.4

**主にミドルリーダーに意識してほしい視点**

# 保育所におけるアレルギー対策の実践

　保育所は、アレルギー疾患の子どもが入園する場合には、子どもの最善の利益を保障し、安心・安全に生活できるよう配慮する責務があります。そのためには医師の診断指示に基づき、保護者と連携し適切に対応すること、地域の専門的な支援や関係機関の連携が重要です。また、ミドルリーダーとして全職員に対して共通理解を促し、組織的に対応しようとすることが重要です。特別な管理が必要な場合には、医師記載による「**生活管理指導表**」（図表3-16）を提出してもらいます。この指導表は、医師と保護者、保育所における重要なコミュニケーションツールとなっています。

◆ 図表3−16
保育所におけるアレルギー疾患生活管理指導表（参考様式）

スマホで大きく見られます

出典：厚生労働省 https://www.mhlw.go.jp/content/000512752.pdf

# 事故を防ぐための組織づくりと、子どもの命と安全を守る

保育者の役割は、アレルギー疾患の基礎知識を学ぶことです。「保育所におけるアレルギー対応ガイドライン」を読み、乳幼児期にかかりやすいアレルギー疾患の病態や、対応について理解を深めることが大切です。またアレルギー疾患は、悪化因子の除去が有効なため、保育所での生活環境の見直し、毎日の掃除を丁寧に行うことが重要です。

管理職の役割は、これを踏まえつつ特に食物アレルギー対応においては、事故は必ず起きるという姿勢で予防策に取り組むことが大切です。園長をトップに、それぞれの職種の代表やクラスリーダーが参加する対応委員会を組織し、協議対応を進め、事故発生時や事故予防に対しては、職員全員で対応できるよう「**アレルギー対応・事故予防マニュアル**」等を策定し、常に職員の意識向上と連携を図れるような組織づくりをします。

そして緊急事態にすぐに対応できるよう、定期的に**アナフィラキシー**＊1など重症度の評価や**エピペン®**の取り扱い＊2など事故対応訓練を実施したり、保護者をはじめ医療機関や消防機関との連携を図っておくことが必要です。

＊1 アレルギーがある食べ物や薬を口にしたり、蜂に刺されたりした後に全身に様々なアレルギー反応による症状が表れることです。重篤な症状を引き起こすことが多く、対処が遅れると死に至る危険もあります。

＊2 エピペン®は、アナフィラキシーが現れた時に使用し、医師の治療を受けるまでの間、症状の進行を一時的に緩和し、ショックを防ぐための補助治療剤（アドレナリン自己注射薬）です。注射後は直ちに医師による診療を受ける必要があります。

> **GOAL まとめ 迅速に対応できる体制づくりを**

食物アレルギーを発症する乳幼児の10%程度がアナフィラキシーショックを引き起こす危険性があります。アナフィラキシーは、激しいアレルギー反応が短時間で全身に表れ、死亡する事例が例年報告されています。特に、食物を原因とする場合、アレルゲンに接してから死亡するまでの時間が30分程度とするデータもあることから、子どもたちへの安心、安全な保育のために適切かつ迅速な対応ができるよう、有効的に園内研修を実施するなど、保育所での体制づくりに取り組みましょう。

## Work 2 アレルギーの理解を深めよう

（所要時間60分）

ランチメニューを自分で選ぶ疑似体験を通して、食物アレルギーについて理解を深めましょう。

**ステップ①** アレルゲンを図表3-17より1つ選びます。

◆ 図表3－17 アレルゲン種類

卵　えび　かに　乳　小麦　そば　落花生

**ステップ②** 月曜日から金曜日までの5日分のランチメニューを考えます。和食や洋食、中華などいろいろな種類をランチメニューとして選びましょう（図表3-18）。同じようなメニューに偏らないように、食物アレルギーの症状を起こす自分のアレルゲンを摂取しないよう注意してメニューを選んでください。アレルゲンがメニューに含まれているか、自分でインターネットや文献などで調べながら行います。

◆ **図表3-18　ランチメニュー例**

| 中華 | ●麻婆豆腐　●焼きビーフン　●餃子　●卵とわかめの春雨スープ　●えびちりソース　●担々麺<br>●かにチャーハン　●天津丼 |
|---|---|
| 和食 | ●肉じゃが　●ワカメとツナのサラダ　●豚汁　●牛丼　●いなりずし　●味噌田楽　●きつねうどん<br>●ほうれんそうのごまあえ　●魚の竜田揚げ　●サワラの味噌漬け　●ざるそば　●五目すし　●塩シャケ<br>●大根サラダ　●野菜の天ぷら　●カツ丼 |
| 洋食 | ●牛フィレ肉ステーキ　●チキンライス　●ポークカレー　●トマトとチーズのピザ　●エビピラフ<br>●スパゲッティミートソース　●ハンバーグ　●ポトフ　●ビーフシチュー　●夏野菜のサラダ<br>●かにクリームコロッケ　●オムライス　●マカロニグラタン |
| エスニック | ●トムヤンクン　●ナシゴレン　●タコス　●鶏肉と香草のフォー　●生春巻き　●ネギといかのチヂミ |
| 軽食 | ●ポテトフライ　●桜もち　●ココア　●プリン　●トースト　●メロンパン　●ピーナッツバターサンド |

**ステップ③** 下記にメニューとアレルゲン食材を記入しましょう。

| 曜日 | 月曜日 | 火曜日 | 水曜日 | 木曜日 | 金曜日 |
|---|---|---|---|---|---|
| メニュー | | | | | |
| アレルゲン食材 | | | | | |

**ステップ④** 5日間分のランチメニューが決まったら、グループで、各自作成したメニューを見せ合い、アレルゲンによるメニュー内容の違いや、学んだこと、感じたことを話し合いましょう。

........................................................................

........................................................................

........................................................................

**参考文献**

●厚生労働省「保育所保育指針」2017年
●内閣府・文部科学省・厚生労働省「幼保連携型認定こども園教育・保育要領」2017年
●厚生労働省「楽しく食べる子どもに〜保育所における食育に関する指針〜」2004年
●厚生労働省「保育所における食事の提供ガイドライン」2012年
●社会福祉法人全国社会福祉協議会 全国保育士会「子どもの育ちを支える食〜保育所等における「食育」の言語化〜」2020年
●厚生労働省「保育所におけるアレルギー対応ガイドライン（2019年改訂版）」2019年
●厚生労働省（こども向け）食品の安全「カードゲーム　らんらんランチ」
https://www.mhlw.go.jp/topics/bukyoku/iyaku/syoku-anzen/kodomo/lunlun.html

# 第5節 保健衛生・安全対策

## はじめに 変化への対応力が問われる時代

　近年、保育に関する分野のなかで最も充実したことのひとつは、事故予防等、園の安全対策でしょう。2016（平成28）年には**「教育・保育施設等における事故防止及び事故発生時の対応のためのガイドライン」**が定められ、2018（平成30）年に改訂された保育所保育指針、幼保連携型認定こども園教育・保育要領では、初めて「事故防止」について記載されました。

　保健衛生に関しては、2020（令和2）年以降、新型コロナウイルス感染症が全国に拡大したことで大きな変化が起きています。刻々と更新される国や自治体からの情報に基づき、感染の状況に合わせた対策を行わなければなりません。さらに、情報リテラシーやプライバシーへの配慮など、これまでの感染症対策の枠をはるかに超えた対策が必要になっています。

　この節では、職員が保育のなかで実践しなければならない安全・衛生対策、事故予防対策について、職員のキャリアに応じて次の3つに分けて考えていきましょう。

☆★★　初任者から意識してほしい視点

### 衛生・安全対策の基本を理解し、重大事故を防ぐルールを守って実践に取り組む

☆☆★　主にミドルリーダーに意識してほしい視点

### ヒヤリハット等、重大事故につながるかもしれない事態を把握し、対策を行う

☆☆☆　主に管理職者に意識してほしい視点

### 給食・事務等の他職種を含め、すべての職員間の意思疎通や連絡・相談を確実に行う

**初任者から意識してほしい視点**

# 衛生・安全対策の基本を理解し、重大事故を防ぐルールを守って実践に取り組む

## 1 起きやすい事故のパターンを知る

　保育事故には典型的なパターンがあり、子どもの年齢によっても異なります。初任者は、まず年齢別に起きやすい事故のパターンとそれらの事故を防ぐ方法を知ることが重要です。厚生労働省、内閣府の統計によれば、死亡事故は0歳の園児に最も多く起きていることがわかります（図表3-19）。

◆図表3−19　教育保育施設等における死亡事故件数の推移
(件)

|  | 0歳 | 1歳 | 2歳 | 3歳 | 4歳 | 5歳 | 6歳 | 合計 |
|---|---|---|---|---|---|---|---|---|
| 2004年 | 5 | 4 | 2 | 2 |  |  | 1 | 14 |
| 2005年 | 5 | 5 | 1 | 1 | 1 |  | 1 | 14 |
| 2006年 | 9 | 2 | 1 | 1 | 1 | 2 |  | 16 |
| 2007年 | 11 | 2 | 2 |  |  |  |  | 15 |
| 2008年 | 7 | 3 |  |  | 1 |  |  | 11 |
| 2009年 | 6 | 4 | 1 |  |  | 1 |  | 12 |
| 2010年 | 7 | 5 |  |  |  | 1 |  | 13 |
| 2011年 | 7 | 5 | 2 |  |  |  |  | 14 |
| 2012年 | 10 | 4 | 2 | 1 |  |  | 1 | 18 |
| 2013年 | 8 | 8 | 3 |  |  |  |  | 19 |
| 2014年 | 8 | 5 |  |  | 3 | 1 |  | 17 |
| 2015年 | 7 | 5 | 1 | 1 |  |  |  | 14 |
| 2016年 | 7 | 4 |  |  |  |  | 2 | 13 |
| 2017年 | 2 | 2 | 1 |  | 2 |  | 1 | 8 |
| 2018年 | 4 | 4 |  |  |  |  | 1 | 9 |
| 2019年 | 1 | 3 | 2 |  |  |  |  | 6 |
| 2020年 | 1 | 2 |  |  | 2 |  |  | 5 |
| 合計 | 105 | 67 | 18 | 6 | 10 | 5 | 7 | 218 |

出典：厚生労働省「保育施設における重大事故報告（2004〜2015年）」、内閣府「教育・保育施設等における事故報告集計」（2016〜2020年）より筆者作成

　保育所保育指針と幼保連携型認定こども園教育・保育要領の「第3章　健康及び安全」には「特に、睡眠中、プール活動・水遊び中、食事中等の場面では重大事故が発生しやすい」[1]と記されています。この3つの場面を「**くう・ねる・みずあそび**」と覚え、最も事故が多い年齢とともに、日々の保育のなかで危険なポイントだと意識しましょう。

◆保育施設で最も事故が多い場面と子どもの年齢

**くう** (食事中)
1・2歳〜5歳

**ねる** (睡眠中)
0歳

**みずあそび**
(プール活動・水遊び中)
3歳以上

## 2  0〜2歳児に起きやすい事故を知る

0〜2歳の子どもに多い事故は「くう・ねる」での事故です。特に午睡を含む睡眠中の死亡事故は0歳〜1歳半に多く、死亡事故全体の8割以上を占めています。赤ちゃんが泣いた時に無理に寝かしつけるなど、不適切な保育による事故も起きています。初任者は睡眠中の事故を確実に防ぐために必要な以下の4つのルールを守りましょう。

- 必ず仰向けで寝かしつけ、「うつぶせ寝」にしない。
- 赤ちゃんの表情や顔色が見えるように、明るい部屋で寝かせる。
- タイマーを使い、体に触れて、確実に呼吸チェックをする。
- 寝具などが顔にかからないよう、周囲のものに気をつける。

離乳食から幼児食に移るこの時期は、食べもの等による窒息事故も多いものです。食べられるものが増えますが、歯の生え方や、咀嚼（かむ）、嚥下（飲み込み）の発達は子どもによってかなり違います。子ども一人一人の発達の違いを把握することが必要です。

また、自ら手を伸ばしていろいろなものを口にもって行くことができるようになることで誤飲・誤嚥、窒息の危険につながります。食べ物や小さなおもちゃなどを口のなかに入れて起きる窒息事故を防ぎましょう。「誤飲チェッカー」「誤飲防止ルーラー」などのスケールを使ったり、親指と人差し指で作った輪の大きさを測っておき、食べ物やおもちゃにかざしてその大きさを確認するくせをつけましょう。3歳児の口の大きさは40mm程度と言われています。45mmくらいまでの大きさのものは子どもの口に入り、喉に詰まらせる可能性があります。

自分の指の輪でものの大きさを
把握できるようになりましょう

以下のようなものに注意しましょう。特に磁石は飲み込むと開腹手術になる危険があります。おもちゃの壊れがないかどうかも、確認しましょう。

誤嚥に注意したい食べもの・おもちゃなど
- 乾いた豆、ナッツ類（気管に入ると水分で膨らみ、取り出しにくくなる）
- あめ、チーズ、ポップコーン、せんべい、ベビーカステラ、ブドウ、ミニトマト、りんご、たくあん、生のニンジン、セロリ、もち、白玉団子、うずらの卵、ちくわ、ソーセージ、魚肉ソーセージ、こんにゃく、肉片
- スーパーボール、ビー玉、おはじき等の小さなおもちゃ類、磁石を使ったおもちゃ類。

**③　3〜5歳の幼児に起きやすい事故を知る**

　3歳以上の幼児が死亡する事故で最も多いのはプール活動や水遊びによるもの、次に多いのが園外活動中の事故です。いずれも事前の準備を十分に行い、国が定めた監視等の対策を行うことで防ぐことができます。事故予防のために各園で決められたルールをしっかり守りましょう。

　また、前述した食べ物の誤飲・誤嚥による窒息事故は、最近では3〜5歳の子どもにも多発しています。新型コロナ予防のため一緒に食事ができず、大人が口の動きの見本を見せられないこと、幼児がマスクを使用していて口元がよく見えないことから、全年齢で注意が必要です。咀嚼せずに丸呑みしていないか等、一人一人の食べ方にも気をつけましょう。時間内に食べ終えるよう指示する等、急いで食べさせることも窒息の原因になります。時間の余裕をもち、無理なく食事ができるよう心がけましょう。

　子どもの「イヤだ」という言葉はただ反抗しているわけではなく、時には体調不良のSOSである場合もあります。何よりも子どもの声をしっかり聞き、「いつもと違う」がわかるよう、ふだんの様子を把握するように努めましょう。

★★☆　**主にミドルリーダーに意識してほしい視点**

# ヒヤリハット等、重大事故につながるかもしれない事態を把握し、対策を行う

**①　安全の観点から保育を見直す**

　指針・要領等の改訂に伴い、多くの園で"子ども主体の保育"への転換が進んでいます。子ども主体の保育とは、子どもを放置放任してただ子どもがやりたいようにやらせることではありません。子どもの声を聞き、その思いをどのように安全に行うかを考えて実践につなげることが専門家としての役目です。ミドルリーダーにはその視点が必要です。

　まずはそのことを理解した上で、園で行っている保育の方法が子ども主体の安全な保育となっているかどうか、ただ今までやってきたことをそのまま続けているだけではないかどうか、保育者同士で話し合い、改善していくきっかけを作っていきましょう。

　たとえば、かつてはあたりまえのように行われていた節分の豆まきですが、乾いた豆が気管に入り窒息する危険があることから、消費者庁が「硬い豆やナッツ類は5歳以下の子どもには食べさせないで！」[2]という注意喚起を行っています。一人の保育者が多くの子どもを見る集団保育のなかで、科学的に危険だとわかっているものを「文化だから」「今までやってきたから」と続けるべきではありません。行事はもちろん、時代に即した保育のやり方を保育者全員が考えることが必要です。

3
|
5

保健衛生・安全対策

**2** **ヒヤリハットを集め、事故を繰り返さない努力を**

　現在、治療に30日以上かかるケガは**重大事故**として園から自治体を通して国への報告義務が課されています。大きなケガが起きやすいのは次のような時です[3]。

①一人の先生が多くの子どもを見ている時。担任ではなく、子どもとの関わりが
　薄い職員が保育している時。
②「自由遊び」といって放置・放任している時。
③子ども一人一人の発達を見きわめず、子どもの体力、やりたいことを無視した、
　厳しく「やらせる保育」。

　①の状況を防ぐためには、シフトの細かいチェックと必要に応じた人員の交換や加配が必要でしょう。特にキャリアの浅い職員が一人で子どもを見ることがないようにしましょう。代休のために担任以外の職員が入ったり、朝や夕方の延長保育を担任以外の職員が行ったりするのは日常的ですから、安全に保育を行うためにはすべての職員がすべての子どもの個性や特徴を把握することが必要です。ふだんからヒヤリハットを記録にとり、どういった子どもがどんな時間に危険な状況になりやすいかを職員に知らせることが必要です。
　また、②のように「子ども主体」を「放置・放任」とはき違えた保育や、③のような旧態依然とした「やらせる保育」は非常に危険です。保育の見直しとともに、保育者全員が子ども一人一人の特性の把握ができるような工夫と、ヒヤリハット記録の充実をはかりましょう。

**3** **事故を子どものせいにしない**

　ヒヤリハットや事故簿の記録をチェックするのもミドルリーダー以上の役割です。その際、「注意していたのに子どもが走ってケガをしました」というように、保育者がケガの原因を子どものせいにしていないかどうかに気をつけましょう。保育者が注意しても子どもが走るのは、走りたくなる環境だからかもしれません。あらゆるケガを、まずは保育者がどのように防ぐことができるかを考え、環境構成や人員配置の変更、保育の方法の見直しにつなげていくことが必要です。ケガを子どものせいにしているうちは根本的な解決にはならず、ケガが減ることはありません。その上で環境構成を変えるなど、必要な対策を行っていきましょう。

★★★ **主に管理職者に意識してほしい視点**

# 給食・事務等の他職種を含め、すべての職員間の意思疎通や連絡・相談を確実に行う

## 1　信頼関係に基づく良いチームづくりが事故予防の要

　2005（平成17）年8月10日、埼玉県内の保育所で4歳男児が園舎のなかの本棚の下の引き戸のなかに入り込み、熱中症で亡くなる事故が起きました。その後の民事裁判の最終準備書面で「本件事故は、決して不慮の事故ではなく、日常の保育に多くの問題があり、その問題を放置した故に起きた、起こるべくして起きた事故である」[4]とされた通り、この事故の大きな要因の1つが組織の問題でした。実際、保育の重大事故は組織に問題があって起きることがほとんどです。重大事故予防のためには、子ども同士、子どもと大人、大人同士が信頼しあえるような関係をしっかり築き、良い組織をつくり上げることが必要なのです。

　特に管理者は常にパワハラ等がなく風通しがよい、働きやすい職場にするため、コンプライアンス、ガバナンスを含め、自らに厳しいクリーンな組織運営を課す必要があります。

## 2　国や自治体からの連絡を整理し、全職員に理解させる

　2016（平成28）年に発表された「教育・保育施設等における事故防止及び事故発生時の対応のためのガイドライン」[5]、消費者庁・文科省・厚労省・内閣府が共通で作ったプール活動のマニュアル[6]をはじめ、重大事故を防ぐための様々な連絡が国から自治体を通して園に発信されてきます。連絡が届いたら管理者はそれらをしっかり読み、整理して全職員に伝えることが必要です。管理者には安全に関すること以外にも非常に多くの連絡が自治体を通して届くため、たいへんなこともありますが、**それらをすべて読み、職員に伝えるのが管理者としての最低限の責任**です。

　マニュアルに書かれていることは、現場からみると実践するのがとても厳しいものである場合もあるでしょう。しかし、「うちでは無理」と無視するのは責任放棄です。たとえば、消費者庁によるプール活動のマニュアルにあるように監視者を付けることができないのであれば、その日にはプール活動は中止するべきです。

　また、重大事故が起きやすい園外活動の行事は、いくら園伝統の行事であったとしても、天候によっては中止する勇気をもちましょう。子どもの命より重要なものなどありません。

## 3　十分な人員配置とシフト調整を行う

　事故を防ぎ、安全な保育を行うためには、十分な人員を配置したシフトを組むことが必要です。経験の浅い職員同士を組ませない、担任ではない職員が入ることが

多い朝夕の延長時間等、危険が予測される時間にはより手厚く保育者を配置するなど、気をつけたい点はたくさんあります。

　何より働きやすい職場であることも、職員が無理なく安心して働き続けるためには必要です。過重な負担をなくし、保育者が保育に専念できるような労働環境づくりは安全確保のためには最も重要な要素の1つであると考えられます。

## GOAL まとめ　子どもの命と権利、そして職員のキャリアも守る

　残念なことに、子どもたちの命が失われる事故が毎年起きています。大切な子どもの未来が絶たれ、関わる人々全員が悲しみ、苦しみます。重大事故に関わった保育者の多くが悩み、苦しみ、保育現場から離れていきます。子どもの命を守ることは、そのまま保育者自身のキャリアと人生を守ることにもつながるのだということを忘れてはなりません。

　保育者にとって最大の使命は子どもの命を守ることです。**子どもの権利条約**の第6条には子どもが「**生きる権利**」が掲げられていますが、「命を守る」という言葉はまさにその「生きる権利」に通じます。すべての子どもたちは生物的な命を守られることはもちろん、その存在をありのままに受け入れられ、尊重されなければなりません。保育所保育指針の「**養護**」に記されているように、「一人一人の子ども」を理解し、受け止め、すべての子どもの命が守られ、その子らしく生きられることを、「子どもの権利」の観点から目指していかなければなりません。

## Work 1　園内の見取り図を描いてみよう

(所要時間60分)

▶ **ステップ①** まずは自分が担当している保育室からはじめるのがよいでしょう（とはいえ、いつもいる場所なのに、見取り図を書くのは意外と難しいものです）。どこに、どのようなコーナーや什器（じゅうき）があり、子どもはどのように遊んでいますか？　保育室のなかで、自分がいつも気になっている場所や、実際に子どもがケガをした場所があればマークしてみましょう。

▶ **ステップ②** 保育室が終わったら、次は園舎、園庭、散歩に行く公園など、どんどん範囲を拡げて、見取り図を描いていきましょう。

▶ **ステップ③** それらの見取り図のなかに、自分が危ないと思っていたり、気になっているポイントをマークし、園内で情報共有しながらディスカッションしましょう。複数の保育者が「気になる」「危険だ」と思った場所には、これまでに何らかのヒヤリハットがあったなど、危険な場所だと思ってよいでしょう。そこが把握できたら、次はどのようにその環境を変えていくか、を話し合ってみましょう。

## Work 2 ケガについて話し合ってみよう

（所要時間60分）

　実際に園で起きたケガを事例に、どのようにすれば防げたのか、話し合いをしましょう。その際、ケガに立ち会っていた保育者を非難するのではなく、次回からどのようにすれば同じケガが防げるのか、その改善に向けた視点や取り組みを共有していく場にしたいものです。ケガの後の対応についても含めることで、すべての対応についての振り返りになります。そして、立ち会った保育者をはじめとするその他の保育者、看護師、管理者等、それぞれの立場で考え、話し合うことで、自分たちの組織に何が必要なのか、どのように環境を変えればよいのかが見えてきます。

................................................................

................................................................

................................................................

................................................................

................................................................

**引用文献**

1) 厚生労働省「保育所保育指針」2017年、内閣府・文部科学省・厚生労働省「幼保連携型認定こども園教育・保育要領」2018年
2) 消費者庁子ども安全メールVol.540「もうすぐ節分。硬い豆やナッツ類は5歳以下の子どもには食べさせないで！」2021年
　　https：//www.caa.go.jp/policies/policy/consumer_safety/child/project_001/mail/20210128/
3) 猪熊弘子「就学前の子どもの施設における事故の特徴――「遊び」に着目して　内閣府「特定教育・保育施設等における事故情報データベース」の分析から」『子ども安全研究』第3号　2018年　pp.17-20
4) 猪熊弘子『死を招いた保育』ひとなる書房　2011年
5) 内閣府「教育・保育施設等における事故防止及び事故発生時の対応のためのガイドライン」2016年
　　https：//www8.cao.go.jp/shoushi/shinseido/meeting/kyouiku_hoiku/pdf/guideline1.pdf
6) 消費者庁「プール活動・水遊び　監視のポイント」2020年
　　https：//www.caa.go.jp/policies/council/csic/teaching_material/pdf/teaching_material_200527_0001.pdf

3
－
5

保健衛生・安全対策

# 第6節 保護者支援・子育て支援

**子育ての多様化に応じた支援を**

　子どもと共に過ごす生活経験の乏しさ、共働きの一般化や働き方の多様化、核家族化などの状況のなかで、子育てを支える**保護者支援・子育て支援**（以下、子育て支援）はますます重要なものになってきています。しかし、その一方で、保育所等においては保護者との関係構築や支援が難しいという声がよく聞かれます。

　保育所保育指針では保護者に対する支援について、①保育所を利用している保護者に対する支援、②地域の保護者等に対する子育て支援の2つの観点から整理されています。保育所等の利用や家庭での子育ても、必要なだけ育児休業を取得するなど、その態様も異なり、子育ての多様化に応じた支援が求められるようになっています。また、特別な配慮を要する子どもや家庭への支援、虐待や貧困など、園だけで対応できない課題も多くなってきています。

　この節では、こうした課題を踏まえ、保護者支援・子育て支援に求められるキャリア形成について次の3つの視点から考えます。

⭐✩✩　初任者から意識してほしい視点
## 保護者との「とも育て」

⭐⭐✩　主にミドルリーダーに意識してほしい視点
## 保育所・保育者の特性を生かした支援とその共有

⭐⭐⭐　主に管理職者に意識してほしい視点
## 園全体での支援体制の構築と関係機関との連携

☆★★　初任者から意識してほしい視点

# 保護者との「とも育て」

　初任者にまず求められることは、子育て支援の基本を理解することです。実際に保護者を支援することにはまだ難しさを感じるかもしれませんが、基本的な理解を深めることが支援の基盤になる保護者との関係をより良いものにし、より効果的な支援が可能になるからです。初任者には、保育を土台にして保護者との関係を深めるとともに、保護者の姿や子育て支援をどのように捉えるかといった支援の基本についての理解を深め、保育者としての支援の土台を作ってほしいと思います。

## 1 保育と子育て支援は車の両輪

　保育所やこども園、幼稚園（以下、保育所等）における保護者支援・子育て支援の最大の特徴は、子どもの実際の姿を共有しながら支援ができることです。つまり、保護者の子どもに対する願いや子育てで抱く感情などを共有したり、不安なことを相談したりしながら進めることができる点にあります。

　特に、保育所を利用している保護者に対する支援では、長期にわたり継続的に親子と関わります。そのため、日々の保育と保護者の支援は深く関わりあい、車の両輪と言える関係にあります。保育者と保護者は日々の保育を通して、子どもの姿や願いを共有しながら最も身近でいっしょに子育てをしていく「**とも育て**」のパートナーです。保護者と共に子どもの育ちや子どもに対する願いを共有して、子どもを中心に置いて園での保育と家庭での子育てをいっしょにつくっていくことが大切です。

　そのためには、毎日の保育を丁寧に行い、保護者と共有するための関係が重要です。保護者との関わりにおいては、気持ちよい挨拶を心がけ、日々の子どもの様子を丁寧に伝え、保護者が話しかけやすい雰囲気や受容的な態度が求められます。また、相談を受けた時には、上司や先輩保育者に相談するなどしながら誠実に対応することも大切です。同時に、子どもにとって園生活が楽しく、「先生が大好き」という子どもとの安定した関係が保護者との信頼関係を築く土台になるのです。保育を含む子育て支援は、個々の保育者によるのではなく、園全体で良い雰囲気を作り、相談や支援ニーズに応えていくというように全職員で協力して展開するものであることも理解して、行動することが求められます。

## 2 保護者を子育ての主人公として支える

　子育て支援が必要とされた背景のひとつに、親としての未熟さに対する懸念がありました。保育所からスタートした子育て支援は、1993（平成5）年に厚生省（現・厚生労働省）が創設した「保育所地域子育てモデル事業」によって、主に保育所に併

＊1 「子育て支援」とい
う言葉は、新たな概念を
生み出した言葉ですが、
保育所における保護者に
対する支援は、児童福祉
法第18条の4（児童の保
護者に対する保育に関す
る指導）、第48条の4（地
域の住民に対する情報提
供、保育に関する相談・
助言）として示されてい
ます。

＊2 近年、保護者を子
育ての主体としてコーチ
ングの手法による支援
も取り入れられるように
なっています。支援者が
保護者に代わって子育て
をするのではなく、保護
者が主体的に子育てに向
き合っていくことを支援
するコミュニケーション
技術として参考になるア
プローチです。

設された地域子育て支援センターにおいて地域の親子を対象とする事業としてはじまりました[1]＊1。各支援センター等での様々な支援の実践から明らかになったことは、親子が自由に遊び交流する広場などで親として育っていくということでした。親としての育ちにつながる経験ができる環境をつくれば、親として育つことができるという**親の育つ力への信頼**が得られたのです。

このように保護者を捉えれば、その未熟さは個人の責任ではなく、社会環境によるといえ、保護者に対する関わりのスタンスも変わってくるのではないでしょうか。

支援は、"保護者も自ら育つ力をもっている"という人間観・発達観を土台としています。ですから保育者は、保護者がもっているその力を発揮して主体的に親として育っていける環境をつくり、励まし、勇気付けるサポーターであり、コーチ＊2であると理解し、行動することが必要です[2]。

保護者を育てるという観点からは、自分の子どもにだけ目を向けるのではなく、他の親子の姿やクラスの子どもたち、保育者の子どもへの関わりなど、保護者が視野を広げることも大切です。行事や懇談を通しての交流やドキュメンテーションやクラス便りなどで子どもたちの姿を伝えることなどもよいでしょう。

## ③ 子育て支援を捉える基本的観点

以上のことを踏まえ、子育て支援の基本的理解として重要な点がいくつかあります。原則として押さえておきたいのは、**子育て支援は「子どもの最善の利益」を目指すものである**ということです。親を支援することによって子どもにとってより良い状況をつくることを目指すといってもよいかもしれません。また、子どもを育てる親との関係を無視することができないことから、**親子をユニット**で捉えることが重要です。それぞれの親子の状況に応じた子どもや親への支援が求められます。

こうしたことから、子育て支援は、子どもと親がそれぞれもっている自ら育とうとする力を支える**「子どもの育ちを支える支援」**、**「親としての育ちを支える支援」**が基本になります。毎日の保育そのものが子育て支援として機能していることも忘れてはなりません。また、子どもと関わる経験に乏しい現在の親の状況を踏まえて親子を具体的に結ぶ**「親子関係を支える支援」**といった観点も大切にしたいものです。さらに、子育ち・子育ては社会や環境の影響を直接間接に受けています。専門職としての保育者は、親子を取り巻く地域の状況、人々や社会資源、社会の子育てに対する捉え方や社会制度など広く子育て環境のあり方にも目を向け、必要に応じてこれら社会資源との連携等も求められます（**「子育て環境支援」**）。

したがって、子育て支援の専門家である保育者の社会的役割として、子育て支援は「子育ち支援」「親育ち支援」「親子関係支援」「子育て環境支援」という4つの観点から総合的に捉え、支援する必要があると言えます[3]（図表3-20）。これらの観点から保育を含む子育て支援をすすめていってほしいと思います。

◆ 図表3-20　子育て支援の4つの相

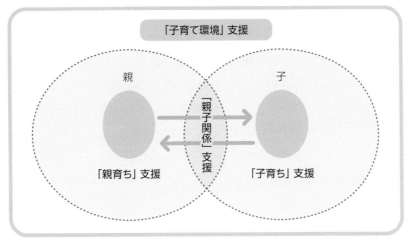

出典：日本保育学会編『保育学講座5　保育を支えるネットワーク』東京大学出版会　2016年　p.20

 **主にミドルリーダーに意識してほしい視点**

# 保育所・保育者の特性を生かした支援とその共有

　前項で述べたように、支援の基本的理解に基づき、保育を土台にしながら支援を園全体で協力して行うことが重要です。こうしたことを踏まえ、ミドルリーダーには、保育所等における支援の特性や保育者の専門性の理解がまず求められます。それを土台に、保護者との積極的な関係を作り、子どもの育ちや相談援助に必要な専門的知識を活用して、支援を実践することが期待されます。また、園内では後輩のモデルや相談相手になり、クラスなどのグループリーダーとして主任や園長と相談するといった役割を果たすことで、協働的な職員集団として園全体が活性化します。

## 1　保育所の特性を生かした支援

　保育所等における子育て支援の特性として、次のような点が挙げられます。

①保護者と子どもの姿を共有し、継続的な関わりができる。
②保育士の他、看護師や栄養士等の専門職がいる。
③様々な年齢の子ども集団がある。
④子どもの発達に適した保育環境がある。
⑤公的施設として様々な社会資源との連携ができる。

　保育所等を利用している親子、地域の親子のいずれの支援においてもこのような特性を生かすことができます。保育所等における支援の特性として最も大きな特徴は、子どもの姿を共有しながら支援を行うという点です。特に、園を利用している親子の場合、継続的な親子それぞれへの支援が可能です。その支援においても子どもを見る様々な知見があることに加え、複数の保育者、その他の専門家がいること

も大きな強みです。さらに、必要に応じて他の社会資源との連携ができることは、前述の支援の4つの観点（支援の4相）に働きかけることを可能にしています。

　また、これまでの保育所等での保育を通して蓄積されてきた保育者の専門性が、支援に生かされることが重要です。その内容としては、子どもの発達や養護についての知識、生活援助の技術、子どもの生活環境構成や遊びの展開の技術、関係づくりや相談援助の知識や技術などです。これらの保育を土台とする専門性を意識して活用することやさらにブラッシュアップしていくことが求められます。また、相談援助の知識や技術については、子育て支援が保育所等の大きな役割として位置付けられてから日が浅いこともあり、研修等を通じてさらにその専門性を高めていくことが必要です。

## 2 グループリーダーとしての役割

　ミドルリーダーには、保育所等の支援の特性や保育者の専門性を踏まえ、支援について同僚と共有し、協働的に取り組む中核としての役割が期待されます。近年では、指針等にも示されているカリキュラム・マネジメントにみられるように、園全体の**協働的なリーダーシップ**による園運営が求められています。ミドルリーダーは、クラスや園務分掌などにおいてそれぞれのリーダー的な役割が期待されることが多くあります。

　リーダーシップというと、先頭に立って皆を引っ張っていくというイメージがありますが、それだけではありません。リーダーシップには、目標に向かって皆を引っ張り目標達成を志向する**パフォーマンス機能**（P機能）と、集団の成員の相談やサポートをしながら集団をまとめていく**メンテナンス機能**（M機能）という側面があります。P機能とM機能は、いずれも重要ですが、一人のリーダーが両側面をもっていなくても、複数のメンバーによって機能することも多々あります。

　それぞれのグループリーダーには、グループの構成メンバーの主体的な取り組みや意見を引き出す役割や、後輩のモデルや相談相手になることなどが期待されます。クラスであれ、行事についてであれ、グループリーダーになるということは、目的集団であるそのグループの役割や内容について責任をもち、最も考えている存在といってもよいでしょう。

　たとえば、それが「地域の子育て支援」についてのグループだとしたら、そのリーダーは園全体の計画のなかで、「地域の子育て支援」という観点から自覚と責任をもって検討し、発言することが期待されるわけです。同様に、それぞれのグループリーダーがそれぞれの観点から自覚し発言することで、園全体が活性化し、より良い保育や支援に向けた改善が進みます。その意味でグループリーダーは、子育て支援や職員関係の要となる存在です。

　したがって、グループリーダーには、グループ内のリーダーとして同僚や後輩との協働を進めるとともに、他のグループリーダーとの協働、主任や園長との連絡・相談といった役割が期待されます。

★★★ **主に管理職者に意識してほしい視点**

# 園全体での支援体制の構築と関係機関との連携

　主任や園長などの管理職は、園全体で子育て支援が機能するための運営や必要に応じて保育者をサポートする役割が求められます。特に気をつけたいのは、何でも自分でしようとするのではなく、それぞれの職員が自覚と責任をもって役割を果たし、やりがいを感じて協働できる体制をつくることです。また、必要に応じて関係機関との連携や地域資源を活用することなど、外部との関係づくりも大切な役割です。

## 1 園全体での支援体制の構築

　子育て支援は、それぞれの保育者の努力だけでなく、すべての職員が協力することが大切です。そのため、管理職は、園全体の支援体制づくりをするとともに、職員のようすに目を配りながら、子どもにとっても保護者にとっても居心地がよく、相談したり、交流しやすい雰囲気をつくっていくことを心がけたいものです。

　園全体の体制づくりのためには、全職員で**保育観や支援について共通理解**を図ることが求められます。そのことによって、支援の目標や方法も共通のものになり、保護者にとっても理解しやすいものになっていくからです。こうした共通認識を土台にそれぞれの職員の個性が生かされる運営をしたいものです。また、園内でのそれぞれの職員の役割や期待されることを職員が共有し、お互いにわかりあえるようにすると、それぞれの自覚が促され責任をもった主体的な職員集団に育っていくのではないでしょうか。先述の通り、キャリアごとに求められる役割や期待を共有することはその一助になります。キャリアに応じて各職員が外部の研修などを受け、新しい情報に触れて学ぶ機会を保障することも忘れないようにしたいものです。

　また、組織的な配慮だけでなく、それぞれの職員の保護者との関わりのようすを見守り、必要に応じて相談や助言をしたり、ケースによってはいっしょに支援に加わることも必要です。そのためには、日常的な保護者との関係づくりが大切ですし、相談支援等に必要な知識や技能を身につけておくことも求められます。管理職には、保育者に代わって支援に取り組むということよりも、むしろそれぞれの職員が支援や保育についての力を発揮できる環境や状況をつくること、実践した職員が効力感ややりがいを感じられるようサポートすることが大切ではないでしょうか。

## 2 関係機関との連携、地域資源の活用

　子育て支援の社会的機能を担う園として、園が果たす役割と園だけでは対応や解決が難しいことや他機関との連携が必要なことがらも少なくありません。

　保育所における日々の保育は、それ自体が、子育ての悩みを深刻化させない予防

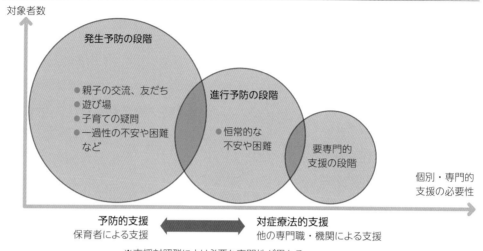

◆図表3-21　子育て相談支援のニーズと対象群

対象者数

発生予防の段階
●親子の交流、友だち
●遊び場
●子育ての疑問
●一過性の不安や困難
　など

進行予防の段階
●恒常的な
　不安や困難

要専門的
支援の段階

個別・専門的
支援の必要性

予防的支援
保育者による支援

対症療法的支援
他の専門職・機関による支援

※支援対照群により必要な専門性が異なる

出典：太田光洋編著『子育て支援の理論と実践──保育を基礎とした家庭支援と相談援助』保育出版会　2016年　p.136

的な支援として機能していると言えます。園の日常的な支援によって子育て状況が悪化しないよう維持されたり、改善されるケースもあります。

　しかし、一方で、保育所だけでは対応できない悩みや課題を抱えているケースもあります。このような個別の支援が必要なケースでは、地域の関係機関との連携が必要なことも少なくありません（図表3-21）。

　特に、不適切な養育（マルトリートメントや虐待）、子どもの障害、病児保育、保護者の病気、外国籍家庭等に関する支援では、地域の関係機関や社会資源との連携が求められます。このようなケースでは課題が複数にわたることや、子どもの在園期間を超えて長期にわたることも少なくありません。そのため、複数機関との連携が必要な場合もありますし、園と個々の関係機関がつながる連携というかたちではなく、**要保護児童対策地域協議会**のように地域の関係機関で構成される組織的な連携もあります。こうした課題や支援の内容は、園内での検討もとても大切ですが、園で対応できるかどうかを判断し、適切に連携し、協働で支援していくことが求められます。

　また、小学校との連携などでは、子ども主体の学びの連続性という観点から「園・小接続」や、障害をはじめ、配慮を必要とする子どもの進学についてなど、保護者を含めた園と小学校の連携、協力も重要です。この他にも、それぞれの園がある地域の社会資源としてどのような人や機関、施設等があるかを知り、地域性を含め、子育て支援の充実のためにその連携や活用を工夫することにも配慮したいものです。

GOAL　まとめ　キャリアに応じた役割と展望

　保護者支援・子育て支援は、園のすべての職員が協力して取り組むものであると同時に、園として外部機関との連携等を通して進められるものでもあります。また、

保護者からみた時に支援者の子育て経験の有無が気になることもあります。こうしたことを踏まえると、子育て支援の基本を理解し、共有した上で、それぞれのキャリアに応じて、個々の保育者が果たす役割、期待される役割も丁寧に押さえ、保育者（支援者）としての成長を展望しておく必要があります。本節で述べてきたことを踏まえ、保護者支援・子育て支援について保育者のキャリアに応じて期待される役割やスキルを図表3-22に整理したので参考にしながら、自らのキャリア形成を図ってください\*3。

\*3　本図表は、筆者が高知県教育・保育の質の向上委員会委員として参加し、作成された高知県教育委員会「高知県教育・保育の質ガイドライン」の子育て支援に関する部分をもとに改変したものです。

◆ 図表3-22　キャリアステージに求められる役割やスキル

| キャリアステージ | | 保育所を利用している保護者に対する支援 | 地域の保護者に対する支援 |
|---|---|---|---|
| 初任者 | 初任者 1-4年程度 | 子育て支援についての基本的な考え方を理解する | ●園を訪れる地域の保護者等に対して気持ちの良い挨拶や温かい雰囲気で接する ●園庭開放や保育体験等に参加した地域の保護者に対して気持ちの良い挨拶や温かい雰囲気で接する ●行事等への参加の呼びかけをするなど、園に対して関心を持ってもらうよう努める |
| | | 保護者との良好な関係を築き気軽に話をしたり、相談しやすい雰囲気を作る | |
| | | 保護者が相談しやすいように支援者としての姿勢を明示するとともに相談しやすい雰囲気を作る | |
| | | 子どもと親のよりよい関係づくりを支援する遊びやかかわり方を伝えたり、行動のモデルを示す | |
| | | 保護者からの質問や相談に対し、上司や同僚に相談しながら誠実に対応する | |
| | | 一人ひとりの子どもの遊び、友達との関わり、生活の様子を登降園時や連絡帳やなどを通して保護者に伝える | |
| | | 行事等への参加の呼びかけをするなどして園に対して関心を持ってもらう | |
| ミドルリーダー | おおよそ5-10年 | 保護者の相談を受容的に受け止め、適切な支援をする | |
| | | 積極的に保護者とコミュニケーションを取り、保育の理解を得る | |
| | | カウンセリングやソーシャルワークの技術を活用し、保護者の相談を受容的に受け止める | |
| | | 保護者からの悩みや心配事などの相談や突発的な問題について園内で情報を共有しながら適切に対応する | |
| | | 子どもの発達を見通した姿や今の姿を認める内容を、手紙や口頭で保護者にわかりやすく説明できる | |
| | | 保護者が無意識にしていることの中に子どもへのよりよい関わり方があることを知らせる | |

| | | | |
|---|---|---|---|
| ミドルリーダー | おおよそ5-10年 | 食事・排泄・遊び・子どもとの関わり方など一人ひとりの子どもや保護者の状況に応じて適切な助言する | ● 園庭開放や体験保育等、園を訪れる地域の保護者に対して親しみを持って接し、安心して気持ちよく利用できるような雰囲気づくりができる<br>● 地域の保護者のニーズに応じて適切な情報提供や保護者への助言をする<br>● 地域の保護者に対する子育て支援活動を計画し、実践する |
| | | 活動を工夫して、保護者同士の繋がりが持てるよう支援する | |
| | おおよそ10年以上<br><br>次世代育成期 | 保護者同士をつなぎ、保護者が育ちあう場をつくる | |
| | | カウンセリングやソーシャルワークの技術を活用し、個々の状況に応じた支援をする | |
| | | 個々の状況に応じた支援のために園内外の連携協力体制をつくり、課題解決に向けた具体的な支援をする | |
| | | 様々な子育てに関する情報について適切なものを見きわめ、理解して情報を発信する | |
| | | 障害のある子どもや配慮が必要な子どもの保護者に対して、不安の軽減や障害受容についての取り組みができる | |
| | | 後輩のモデルとなり活動を工夫しながら保護者同士の繋がりが持てるよう支援する | |
| 管理職 | 主任 | 園長を補佐し、園内での役割分担を調整し、組織として保護者を支援する役割を担う | ● 地域子育て支援担当者の計画や実践や利用者の相談等について、支援担当者を支援する<br>● 園長を補佐し、地域の保護者が気軽に話したり、相談したり、保護者同士が交流したりできる場を計画的に設定したり、情報を発信する<br>● 園長を補佐し、地域の子育て支援にあたって専門機関と連携できる体制を整える |
| | | 保護者が気軽に相談や意見を述べることができる場や環境を整える | |
| | | 相談支援に必要な知識や技能を習得し、適切な保護者理解のもとで一人ひとりの保護者に応じた支援をする | |
| | | 保護者との信頼関係を築き、必要に応じて保護者と職員の仲立ちをするなど望ましいクラス経営や園経営ができるように職員を支援する | |
| | | 職員からの保護者対応の仕方や悩みなどに対して適切に助言し、情報を共有しながら組織的な関わりに努める | |
| | | 園長を補佐し、機会を捉えて園の保育について保護者に説明するなどして理解を促す | |
| | 園長 | 関係機関との連携体制をつくり、組織として保護者を支援できる体制を整える | |
| | | 保護者が気軽に相談や意見を述べることができる場や環境を整え、積極的に働きかける | |
| | | | |

| 管理職 | 園長 | 相談支援に必要な知識や技能を習得し、適切な保護者理解のもとで一人ひとりの保護者に応じた関わりや支援ができる | ● 地域の実態を把握して園の子育て支援の充実を図る<br>● 地域の保護者が気軽に利用し、相談したり、保護者同士が交流したりできる場を計画的に設定し、情報を発信する<br>● 地域の子育て支援にあたって専門機関と連携できる体制を整える |
|---|---|---|---|
| | | 保護者との信頼関係を築き、必要に応じて保護者と職員の仲立ちをするなど望ましいクラス経営や園経営ができるように支援する | |
| | | 職員の保護者対応の仕方を見守り、状況に応じて職員を支援する | |
| | | 機会を捉えて園の教育に関して保護者に説明するなどして理解を促す | |
| | | 要保護児童の保護者等に対して関係機関との連携を密にし、必要に応じて協力して支援にあたったり紹介する | |
| | | 保護者同士が繋がることの必要について理解し、園経営に生かす。また、具体的な企画運営について指示・支援ができる | |
| | | 保護者との信頼関係の構築に努め、子育てに対する相談や情報提供、保護者同士の交流の場を提供する | |
| | | 保護者からの提案について受け止め、解決法を見出し、よりよい関係づくりに努める | |
| | | 職員を見守り、研修などを通して園の方向性を共有できるようにする | |
| | | 職員が組織の一員としてそれぞれの立場で活躍しているか把握し、必要に応じて支援する | |

出典：本図表は、筆者が高知県教育・保育の質の向上委員会委員として参加し、作成された高知県教育委員会「高知県教育・保育の質ガイドライン」の子育て支援に関する部分をもとに改変したものである。

3
-
6

保護者支援・子育て支援

## Work 1 保護者からの相談について検討してみよう

（所要時間30分）

相談支援技法、バイスティックの7原則（91ページ参照）を手がかりに、保護者からの相談について検討してみよう（個人・グループワーク、いずれも可）。

> **事例** 保育所に在園する2歳10か月の女児を育てている保護者からの相談

　保育所に在園する2歳10か月の女児A子の保護者Bさんが、子どもの迎えの時に担任の保育士に「ちょっと相談したいことがあるんですが……」と声をかけてきた。その日は相談にのることが難しかったので、翌日の降園時に時間をとることにして相談を受けた。Bさんは子どもが2歳6か月になったころから仕事に復帰し、家事と育児を両立させることに日ごろからたいへんさを抱えている。夫も仕事が忙しく、子どもと接する時間も限られているようだ。

保護者：最近、A子が寝るのが遅くて困ってるんですよね…毎日の仕事も忙しいので…
保育者：何時ぐらいまで起きてるんですか？
保護者：最近は、夜の12時過ぎまで起きています。あまりかまってしまうと遊んで寝ないから、なるべくかまわないようにしてるんですが…
保育者：お母さん、それは違うんじゃないでしょうか。寝つけないのは、A子ちゃんの気持ちが落ち着かないからだと思いますよ。いっしょに過ごす時間をつくって安心させてあげた方がいいですよ。
保護者：そうですかね…
保育者：そういう気持ちをお母さんがわかってあげることが大切ですよ。
保護者：…そうですよね…わかりました…

▶ **ステップ①** 保育者の応答は、バイスティックの7原則に照らして、問題と思われる部分に下線を引いて、なぜ問題かを考えてみましょう。

........................................................................
........................................................................
........................................................................

▶ **ステップ②** ①の点を踏まえて、保護者の最初の言葉に対してあなたならどのように受け応えをするか、考えてみましょう。

........................................................................
........................................................................
........................................................................

▶ **ステップ③** さらに、その対応によってその後のやり取りがどのようにどのように変化するか想像してみましょう。

......................................................................................

......................................................................................

......................................................................................

......................................................................................

......................................................................................

● **参考** ●

■ **相談支援技法（面接展開のための聴き方のスキル）**

1. 傾聴的態度：相手の話に積極的に関心をもち、丁寧に聴こうとする態度
2. うなずき・相づち（うんうん、はい、ええ、そうなんですね、など多様に）
3. 繰り返し（相手の言葉の一部を繰り返す）
4. 言い換え（相手の言葉の一部を、面接者が自分の言葉に言い換えて伝える）
5. 要約（話の要点を整理してまとめ、伝える）
6. 解釈（相手の言葉の意味が曖昧な時に確認して、伝える）
7. 開かれた質問、閉じられた質問（自由に答えられる質問、Yes・Noで答える質問）
8. 相談者の感情の受け止め

■ **バイスティックの7原則（信頼関係を醸成するための基礎となる原則）**

1. 個別化（相談者の個別性を尊重する）
2. 意図的な感情の表出（相談者の自由な感情表現を尊重する）
3. 統制された情緒関与（支援者自身の感情を冷静に自覚する）
4. 受容（相談者のあるがままの姿を受け止める）
5. 非審判的態度（相談者を一方的に評価、批評しない）
6. 自己決定（相談者の自己決定を促して尊重する）
7. 秘密保持（相談内容の秘密を保持する）

**ヒント**

ステップ①に関して

　主に「受容」「非審判的態度の原則」「意図的な感情の表出」などに課題があると思われる例です。そのため、保育者の思いが先行し、教示的になってしまっており、保護者の気持ちを受け止めることができず、保護者自身が主体として考えたり、想像することができなくなってしまっています。仮に保育者の指摘が正しいものであったとしても、保護者が責められていると感じてしまうと、再び相談したいという気持ちは失われてしまいます。

　このケースの場合、相談してくれたことへの感謝、保護者が感じているたいへんさや心配に対する共感やねぎらい、A子の気持ちの想像、A子がよく寝た時の過去の経験の振り返り、夫の協力可能性などを意識して、相談を進めるとよいと考えられます。

**引用文献**

1）日本保育学会編『保育学講座5　保育を支えるネットワーク』東京大学出版会　2016年　pp.19-20
2）太田光洋編著『子育て支援の理論と実践——保育を基礎とした家庭支援と相談援助』保育出版会　2016年　pp.9-13
3）前掲1　p.20

# マネジメント

## はじめに　組織をより良いものにするために

　**マネジメント**とは、組織や
チームが機能し成果を上げる
ための仕組みやアプローチで
す。保育士等キャリアアップ
研修[*1]におけるマネジメント
分野のねらいは、次のように
示されています。

　「主任保育士の下でミドル
リーダーの役割を担う立場に

求められる役割と知識を理解し、自園の円滑な運営と保育の質を高めるために必要
なマネジメント・リーダーシップの能力を身に付ける」

　現代の子どもや子育てを取り巻く環境の変化から、保育所に求められる役割が多
様化・複雑化しています。保育者一人では対応しきれない様々な課題やニーズには、
組織やチームとして協働し対応することが求められます。また、保育者や職員一人
一人の良さや強みが発揮され、組織として保育の質の確保・向上を目指すためには、
マネジメントが必要です。とはいえ、現場の保育者がマネジメントについて学ぶ機
会はほとんどありません。そのため、マネジメントを学ぶことの目的や意義を理解
できない方も多いと思います。しかし、経験を重ね中堅やリーダーという立場にな
ると、徐々にこれまで求められなかったマネジメントやリーダーシップの能力が求
められるようになります。

　この節では、マネジメントに携わる保育者のキャリア形成を、次の3つの点でと
らえていくことにします。

> ⭐⭐⭐ **初任者から意識してほしい視点**
> ## 組織やチームの一員として行動する
>
> ⭐⭐⭐ **主にミドルリーダーに意識してほしい視点**
> ## リーダーシップを発揮しチームや組織として対応する
>
> ⭐⭐⭐ **主に管理職者に意識してほしい視点**
> ## 業務改善や人材育成などの組織マネジメント

＊1　保育士等キャリア
アップ研修では、「マネジ
メントの理解」「リーダー
シップ」「組織目標の設定」
「人材育成」「働きやすい
環境づくり」の5つの内容
を学びます。

★☆☆ 初任者から意識してほしい視点

# 組織やチームの一員として行動する

　保育者は、キャリアの段階に応じて、専門職（スペシャリストやエキスパート）としての専門性向上と、チームや組織をまとめていく管理能力等のマネジメントやリーダーシップの能力を身につけていくことが求められます。専門性向上については園内・外研修等で学ぶ機会も多いため、保育者は意識的に取り組もうとします。しかし、多くの保育現場では、マネジメントやリーダーシップに関しては、学ぶ機会もなく、身につけようとする意識も生まれません。おそらくミドルリーダーの段階になって、突然求められるように感じ、戸惑うことになるでしょう。

　そのため、初任者の段階から組織やチームのメンバーの一員として、自分に求められている役割や使命を認識しながら仕事をすることが大切です。これは、特に初任者に求められる「**フォロワー**」という業務遂行の姿勢です。フォロワーとは、「リーダーと目的を同じくし、組織が成し遂げようとしている目的の正当性を信じ、リーダーと組織の成功を願い、目的を達成するべく精力的に動く[1]」人のことです。しかし、フォロワーになるということは、リーダーから指示・命令されたことを否定もせず、疑問も抱かずただひたすら任務遂行をするということではありません。自分の意見をもち、疑問や反論があれば、対話によって、あるいは保育実践を通して解消しようとする主体性が求められます。

 ★★☆ 主にミドルリーダーに意識してほしい視点

# リーダーシップを発揮しチームや組織として対応する

　リーダーは組織を俯瞰して、組織のどこに課題があるのかを見きわめ、改善するためにリーダーシップを発揮します。リーダーシップとは、組織のトップだけではなく、様々な職員がリーダーとなり、目的を達成するために他者に影響を及ぼすことです。一般的にリーダーシップという言葉からイメージされるのは、リーダーが権威や権限をもち、**上意下達（トップダウン）**で指示・命令を伝え、職員の行動を促すという方法でしょう。しかし、保育現場においては、様々な職員の良さや強みが十分に発揮される**下意上達（ボトムアップ）**の組織やチームのあり方を目指します。なぜなら、保育者には目の前の子どもの実態や状況に応じて、臨機応変に応答的に関わることができるような自立性が求められるからです。また、子どもの多面的な理解のためには、立場関係なく、他の保育者とそれぞれの捉えた子どもの姿を率直に出し合い共有しなければなりません。つまり、保育の質の確保・向上のために、一人一人の職員が主体性や創造性を発揮できるような組織やチームづくりが求められるということです。

　そのため、保育現場のリーダーは、組織やチームの外側から客観的に状況を把握

し指示をするだけではなく、メンバーの一員として共に協働し（メンバーシップ）、支え合い（パートナーシップ）、時にはメンバーに委ねる（フォロワーシップ）など、状況に応じて様々な役割を担います。もちろん、危機管理など早急に対応が必要な場合には、上意下達での指示・命令などの介入が必要です。

また、保育の目標設定をする際には、できるだけすべての職員が、保育や子どもへの思いを伝え合い、聴き合い、認め合うことができる機会を設けましょう。自分にとって納得感のある保育ができることで、保育者はやりがいを感じます。リーダーが独善的に保育の目標を設定し、その目標を達成するために職員を思い通りに動かそうとすると、職員は自分事として保育に取り組むことができず、時には反発し、やる気を失い、離職につながることもあるかもしれません。

リーダーは他の職員のモデルとなるよう、積極的に傾聴し一人一人の思いを尊重する姿勢が求められます。また、付箋紙や模造紙を効果的に活用し、職員間の率直な意見交換が促されるようなしかけも必要です。対話を通して、納得感と共感に支えられた保育の目標を共有することができると、職員に主体的に保育に取り組む姿勢と連携や協働が生まれます。そして、組織として一貫性のある保育を実践することができます。さらに、職員だけではなく保護者や地域住民、専門機関の専門職等、子どもに関わる関係者と、保育の目標を共創・共有することで、協働関係が築かれ子どもの育ちに寄り添うコミュニティができてくるでしょう。

保育現場におけるリーダーは、保育現場におけるマネジメントの役割や機能を理解し、課題を一人で解決しようとするのではなく、組織やチームとして対応するという視点をもちましょう。

★★★ **主に管理職者に意識してほしい視点**

# 業務改善や人材育成などの組織マネジメント

マネジメントの父と呼ばれるピーター・ドラッカーは、マネジメントには3つの役割があるといいます[2]。

①自らの組織に特有の使命を果たす
②仕事を通じて働く人たちを生かす
③自らが社会に与える影響を処理するとともに、社会の問題について貢献する

この3つを保育現場に当てはめて考えてみましょう（図表3-23）。

保育現場におけるマネジメントの役割は、「保育が必要な子どもの保育を行い、その健全な心身の発達を図る」という、組織の使命を果たせるようにすることです。組織はその使命を果たすために、職員一人一人の職務遂行能力に依存しています。一方、職員は仕事や社会とつながる機会を提供する保育所という組織に依存しているため、組織と職員は相互依存関係にあると言えます。そのため、職員が専門性に応じた収入が保障されるとともに、仕事を通じて社会や地域とつながりをもち、自

◆図表3-23　マネジメントの3つの役割

| 3つの役割 | 保育現場におけるマネジメントの役割 |
|---|---|
| ①自らの組織に特有の使命を果たす | ①保育が必要な子どもの保育を行い、その健全な心身の発達を図るという目的を果たす |
| ②仕事を通じて働く人たちを生かす | ②働く職員が、専門性に応じた収入が保障されるとともに、社会的な地位向上と、コミュニティとの関わりを密にし、仕事を通じた自己実現を目指す |
| ③自らが社会に与える影響を処理するとともに、社会の問題について貢献する | ③社会が子どもの最善の利益を考慮し、その福祉を積極的に増進するための支援を行う |

出典：筆者作成

己実現ができることを目指すことがマネジメントの重要な役割の1つになります。そして、職員の専門性向上は保育の質向上につながり、結果として社会の問題の解決に貢献することになります。

　保育の目標を達成するためには、人材育成への取り組みが不可欠です。リーダーは、自分一人の専門性の向上だけではなく、新人保育者や組織・チームとしての専門性の向上を目指さなければなりません。そのためには、まず人が育つ仕組みを確立しなければなりません。職員が各キャリアの段階に応じて求められる役割と、その役割を担うために必要な学びの機会を保障することが重要です。人材育成の有効な手段の1つとして、園内研修が注目されています（図表3-24）。

　保育現場における人材確保と、専門性をもった保育者の人材育成は急務です。全

◆図表3-24　園内研修の取り組み方の大まかな流れ

| ①ねらいの設定 | 組織の課題を解決するために、あるいは保育の質向上のために必要な学びや変化を考え、研修のねらいを設定しましょう。 | 例)子どもが主体となる保育の実現のために求められる保育者の姿勢と環境について対話を通して考える。 |
|---|---|---|
| ②内容や流れの検討 | ねらいを達成するために必要な園内研修の内容や流れについて検討します。 | 例)<br>●参加者を小グループ (3～4名) に分ける<br>●グループで保育所保育指針解説書等の読み合わせをする。<br>●グループで日々の保育実践の振り返りと、改善や充実にむけての具体案について検討し模造紙に内容をまとめる。<br>●模造紙にまとめた内容を発表し、研修参加者全員で共有する。 |
| ③振り返りと次回への反映 | 園内研修を実施後に、ねらいが達成されたかどうかについて、職員へのアンケートや日常の保育の観察から判断し、次の研修計画に反映させることができます。 | 例)<br>●職員個人へ「研修で学んだことや気付いたこと」「実践をしてみて変化したこと」「実践できなかったこと」「改善できていない課題」等についてアンケート調査をする。<br>●クラスリーダーと園長・主任で研修の効果について振り返りをする。 |

出典：筆者作成

国保育士養成協議会のアンケート調査によると、一般職に就くことを決めた保育者養成校の学生は、その理由として、「実習で保育をすることに自信をもつことができなかったから[3]」が約4割を占めています。実習指導者は、その場の状況に応じて、適切な指示や助言、疑問への応答を心がけましょう。実習生と共に保育や子どもに関して振り返り、実習生と対話することを重視し、指導する・指導されるという上下関係ではなく、同僚性をもって実習生を受け入れることを意識します。リーダーは人材育成においては、コーディネーター（調整者）やファシリテーター（促進者）という役割が求められます。

　また、人材育成とともに、職員の働きがいと働きやすさを意識した職場環境づくりに取り組むことにより、職員は安心して仕事を続けることができ安定した人材確保につながります。そして、働く意欲が向上し、職場での定着率が上がることで、職員の継続的な専門性の向上と、保育の質向上が期待できます。働きがいと働きやすさを意識した職場環境づくりのためには、「**働く仕組みの改善**」と「**人間関係の向上**」に取り組む必要があります。

　働く仕組みの1つに雇用管理があります。具体的には、採用から、職員配置、人事異動や休職・退職、職員の免許資格の管理や、健康管理、シフト管理、業務内容の見直し、処遇の改善、評価等、多岐にわたります。働きがいや働きやすさの意識を高めるには、適正な雇用管理の実施が効果的です。また、保育業務の効率化と業務改善のために、**ICT**[*2]機器も積極的に活用しましょう。業務効率化と業務改善を行うことによって、休憩時間とは別に物理的に子どもと離れ各種業務を行う時間である、**ノンコンタクトタイム**を確保することが可能となります。

　ノンコンタクトタイムでは、保育の振り返り等を行い、保育の質向上に取り組むことができ、職員が保育の手応えややりがいを感じることにもなります。さらに、対話や会話の時間が確保されることにより、職員間の相互理解が促されます。相互理解が深まると、人間関係に対して抱く不安や懸念が減ります。すると相互信頼に支えられて、自由で率直に伝え合うことが可能となります。そのような人間関係の向上を目指して、リーダーは職員に対して肯定的なまなざしを向け、職員関係の向上を支援することが求められます。

　ところで、保育所が子どもの保育を行うという役割を一手に引き受けてしまうことで、保護者や地域の子育て力の低下や、地域のコミュニティの消失を招く可能性もあります。それが、保育所という組織が「社会に与える影響」だと考えられます。そのため、保護者や地域・社会が一体となって、子どもの最善の利益を考慮し、その福祉を積極的に増進するために、リーダーは、保育所としての役割である、「子どもの育ちを家庭と連携して支援していくとともに、保護者及び地域が有する子育てを自ら実践する力の向上に資する」よう、計画的かつ効果的な支援を行わなければなりません。

＊2　Information and Communication Technologyの略。パソコンやインターネットを使った情報処理や通信により、情報や知識の共有・伝達をより効率的にするもの。

## GOAL まとめ 保育の質向上と組織運営の質向上を目指して

　「保育所における自己評価ガイドライン（2020年改訂版）」では、保育士等の職員の個人と共に、保育所という組織が、自らの保育の内容及びそれに関連する保育の実施運営の状況について自己評価を行い、保育の質の確保・向上に取り組むことの重要性が示されています。保育の質向上と組織運営の質向上のためには、保育士等が子どもの理解を踏まえ自らの保育の計画と実践について行う「保育士等による保育内容等の自己評価」とともに、保育の実施運営の状況について、「保育所による保育内容等の自己評価」を行い、保育の基本的な考え方や各保育所の理念・目標等に照らして、保育や組織運営に関する課題等を明らかにしていきます。つまり、マネジメントやリーダーシップのあり方についても、振り返りをすることで、改善や充実に取り組む姿勢が求められているのです。

### Work 1　悩み相談　私一人が話してばかり…
（所要時間20分）

　7年目の保育士です。今年は1歳児クラスのリーダーになりました。私と共に1歳児クラスを担当するのは、3年目の保育士と、今年はじめて現場に出た新人の保育士です。週1回、30分だけクラスで会議をもつ時間があるのですが、私に遠慮しているのか、意見が出ません。結局最後は、私一人が発言し結論に至ります。一人一人が思いや考えを率直に出し合い、保育の方向性を共有したいと考えています。どうしたらいいのでしょうか?

▶ ステップ① あなたの考えやアイデアを書き出してみましょう。

..............................................................................
..............................................................................
..............................................................................

▶ ステップ② 考えたことやアイデアをもとにみんなで話し合ってみましょう。

..............................................................................
..............................................................................
..............................................................................

**ヒント**
　保育では、どうしても経験年数の長い保育者の方が正しい判断ができるという価値観が存在します。まずは、一人一人の保育士が、話し合いの場において何を感じているのか、みんなで出し合ってみましょう。そして、経験年数の長短にかかわらず率直に発言ができるような工夫を考えてみましょう。具体的には、リーダーの聴く姿勢と、付箋や模造紙を使うなどの環境の工夫が必要です。

3－7

マネジメント

# それぞれのキャリアの視点に立ってみよう

（所要時間20分）

組織的に保育の質向上に取り組む視点の獲得のために、次の①〜③の質問に答えてみましょう。

**ステップ①** 自園の保育者が各キャリアの段階に応じて求められる役割と、その役割を担うために必要な学びの内容と、学びの機会（園内研修、園外研修、課題図書、OJT等）について考えてみましょう。まずは、自分があてはまる職員階層について記入をしてから、他の階層についても考えてみましょう。

| 階層<br>（　）内は経験年数の目安 | 園において求められる役割 | 役割を担うために必要な<br>学びの内容と学びの機会 |
|---|---|---|
| 新人保育者<br>（1〜2年程度） | | |
| 若手保育者<br>（5年未満） | | |
| 中堅保育者<br>（5年以上10年未満） | | |
| ベテラン保育者<br>（10年以上） | | |
| 管理者層<br>（主任・施設長等） | | |

**ステップ②** 表を記入してみて、気付いたことを書いてみましょう。役割を担うために必要な学びの内容と学びの機会は保障されているでしょうか。機会が保障されていない、または十分ではない場合、どのような問題が起こってくると予想されますか？

.................................................................................................................................................

.................................................................................................................................................

.................................................................................................................................................

.................................................................................................................................................

**ステップ③** 保育の質向上のために、階層ごとに求められる役割が明確になり、その役割を担う
ことができる能力を身につけることができるように、あなたができることは何でしょ
うか？

.................................................................................
.................................................................................
.................................................................................
.................................................................................
.................................................................................
.................................................................................

### 引用文献

1) アイラ・チャレフ (野中香方子訳)『ザ・フォロワーシップ——上司を動かす賢い部下の教科書』ダイヤ
　　モンド社　2009年　pp.23-24
2) P.F.ドラッカー (上田惇生編訳)『マネジメント [エッセンシャル版]——基本と原則』ダイヤモンド社
　　2001年　p.9
3) 全国保育士養成協議会「指定保育士養成施設卒業者の内定先等に関する調査研究」2019年　p.164

### 参考文献

● 厚生労働省「保育所における自己評価ガイドライン (2020年改訂版)」2020年
● 保育の現場・職業の魅力向上検討会「保育の現場・職業の魅力向上に関する報告書」2020年
● 増田まゆみ・小櫃智子編『保育園・認定こども園のための保育実習指導ガイドブック——人を育てるこ
　とは自分自身が育つこと』中央法規出版　2018年

3 – 7

マネジメント

# 第8節　保育実践

## はじめに　保育実践の基本は指針・要領等

現代の保育は、多様なキャリアをもつ人々によって担われています。チームのメンバーが互いを肯定的に理解し合い、各々のもち味が発揮できる関係は理想です。しかし、そうした関係は自然に育まれるとは言い難く、園内にある何らかの工夫によって支えられ、時間をかけて構築されるものです。多様なキャリアをもつ者が協働する保育のいとなみが「難しさ」ではなく、「おもしろさ」へと変わる時、そこには保育者同士の手応えある実践の共有、保育の喜びやたいへんさのわかち合いが生まれていると考えられます。

ここでは、指針・要領等に示される保育の基本的な捉え方や考え方を軸に、実践のなかで求められる保育者のキャリアに応じた学びと役割を考えます。保育実践は、保育者のもつ専門性によって支えられます。子ども理解に基づき実践を構想する力、子どもと共に実践を展開する力、記録や計画を通して実践を可視化する力、実践を評価し再構築する力、これらは、実践を継続するなかで磨かれていきます。仮に同じクラスの保育に関わったとしても、保育の場に参画して間もない保育者と、クラスや学年の実践をリードする立場にある保育者、管理職として園全体の実践や学びを方向付けていく保育者では、各々がその実践から学ぶテーマや課題は異なるでしょう。

そこで本節では、「保育実践」を行う保育者のキャリア形成を以下3つの観点からとらえ、考えます。

---

★☆☆　**初任者から意識してほしい視点**

## 保育の基本となる考え方を理解し、実践を語る言葉を身につける

★★☆　**主にミドルリーダーに意識してほしい視点**

## チームで実践を語り合い、実践と評価をつなぐ

★★★　**主に管理職者に意識してほしい視点**

## 園全体で実践を探求する

---

★★★　初任者から意識してほしい視点

# 保育の基本となる考え方を理解し、実践を語る言葉を身につける

　保育をすると、自分が想定しない子どもたちの姿に出会うことがあります。たとえば、子どもが描いた絵を見て問いかけたら思いがけない言葉が返ってきた、クラスの子どもたちから、保育者の提案とは異なる意見が出されて急遽活動内容を変更した等です。そのような時、保育者は、自身の子ども理解や関わりが適切だったのか、保育後しみじみと振り返るのではないでしょうか。保育者は、実践のなかで驚いたこと、判断に迷ったこと、おもしろかったこと、子どもの成長を感じたことを同僚と話したり、記録に起こしたりする過程を通して実践を捉えていきます。**実践を語ること、記録として残すこと**、どちらも保育を構成する重要な要素と言えるでしょう。

　初任期の保育者にとっては、自分の実践を語ったり、書いたりしながら、実践を捉える視点をつかんでいくことが課題となります。実践から語り合いへ、実践を記録へ、この道筋のなかで保育者は子ども理解を深めます。そのため、どのような視点をもちながらこの道筋をたどるのかが重要になります。

## 1　実践を語る言葉を磨く

　保育を担う施設には、それぞれ理念や特色、保育・教育方針があります。どの施設においても、子どもにとって **"最もふさわしい生活の場"** を築くという責任は変わりません。保育所の場合、保育士、看護師、調理員、栄養士など、保育に関わる人々がそれぞれの専門性を発揮し、職責を遂行することで保育は成立します。すべての職員には、子どもの最善の利益を尊重することをはじめとした倫理観に裏付けられた知識、技術、判断が求められています。

　職種の違いを超えて保育を共有するためには、実践を可視化し、対話の土台をつくることが欠かせません。実践を語ること、記録することは保育に携わる人の職務の一部だと言えます。そのように考えると、保育者として自身の言葉を磨くことは、専門性を高めるいとなみの一部であるとも言えるでしょう。その一歩として、これまでの節で学んだように、指針・要領等に書かれた内容を丁寧にとらえていくことが挙げられます。たとえば、幼保連携型認定こども園教育・保育要領解説の「第1章　総則」の「第1節　(1) 人格形成の基礎を培うこと」に次の文章があります。

> 　教育及び保育は、<u>子どもの最善の利益を考慮しつつ</u>、園児の望ましい発育・発達を期待し、園児のもつ潜在的な可能性に働き掛け、その人格の形成を図る営みである。特に、乳幼児期の教育及び保育は、生涯にわたる人格形成の基礎を培う重要な役割を担っている。(下線は筆者による)

ここにある "子どもの最善の利益" は、1989（平成元年）年に国際連合が採択し、1994（平成6）年に日本政府が批准した「児童の権利に関する条約（通称：子どもの権利条約）」第3条第1項に定められたものです。その権利とは、「生命、生存及び発達に対する権利」「子どもの最善の利益」「子どもの意見の尊重」「差別の禁止」を指します。

　初任者にとって大事なことは、これらの内容が具体的に何を示しているのかを考え、その意味を深く捉えようとする姿勢をもつことです。言葉の意味を深く知ろうとすると、何らかの学びのアクションが生まれます。自分の実践と引きつけて考えてみる、自ら文献にあたる、言葉の意味を検索する、園内外の研修で学ぶ、自主的に研究会に参加するなどです。こうした学びのアクションを積み重ねる習慣が、保育者のキャリア形成を支えます。

　また、保育実践を語る言葉は、保護者や同僚と保育を共有する大事な資源となります。自分は何を大事に一人一人の子どもと関わっているのか、どのようなクラスの関係でありたいと思っているのか、自分の言葉で実践を語ることは、初任者の目標となるでしょう。

## ➋ 子どもの思いや育ち、そして保育者自身の成長を可視化する記録

＊1　詳しくは、保育所保育指針の「第1章 総則」の「(3) 保育の方法 (4) 保育の環境」、幼保連携型認定こども園教育・保育要領「第1章 総則」の「第1 幼保連携型認定こども園における教育及び保育の基本及び目標等」を参照しましょう。

　保育は、子ども一人一人の思いや願いを肯定的に受け止めることからはじまります。現在の保育では次の4つが重要とされています＊1。

①子どもの主体としての思いや願いを受け止めること
②子どもが自発的・意欲的に関われるような環境を構成すること
③子どもの主体的な活動や子ども相互の関わりを大切にすること
④乳幼児期にふさわしい体験が得られるように、生活や遊びを通して総合的に保育すること

　乳幼児期の教育は、環境を通して行われます。それは、子どもが生活や遊びを通して、自分を取り巻くあらゆる環境から刺激を受け、自ら興味をもって環境に関わりながら充足感を得る教育です。

　保育者には、日常の生活や何気ない遊びに潜む、子どもの思いや考えをつかみ、その意味を考え環境構成や活動につなげることが求められます。そして、生活や遊びを通して、子どもがどのように変化しているのか、成長しているかを捉え、記録します。日々の記録が、週、月、期、と蓄積されることで見えてくる子どもの育ちがあります。初任者であっても、一人の保育者として、子どもの育ちを捉え、記録し、同僚や保護者に伝える役割を担っています。保育の場に参画して間もない方には、**身近なモデルである先輩保育者の記録を読む**ことを勧めます。

生活や遊びのどのようなところに焦点をあて子どもの姿を伝えているのか、保育者の関わりや考えをどのように記述しているのか、まずは継続して読ませていただくとよいと思います。

　そして、ご自身の実践記録もぜひ読み返してみてください。過去の実践記録を通して、子どもから得た学びを振り返ることができます。また、記録を書いた時の自分と、現在の自分を比較してみることで、自分自身の成長を感じることもできます。専門職としての成長実感を折にふれ上手に得ていくことは、保育者の職業継続を支えることにもつながります。

**★★☆　主にミドルリーダーに意識してほしい視点**

# チームで実践を語り合い、実践と評価をつなぐ

　日々の保育実践には、保育者同士の関係づくりのありようが影響します。そのため、チームで実践の共通理解をどのように図っていくのか、どのように実践の方向性を共有するのか、その方法を具体的に考えることが必要です。保育所保育指針の「第5章 職員の資質向上」の「3 職員の研修等」に「保育所全体としての保育の質の向上を図っていくためには、日常的に職員同士が主体的に学び合う姿勢と環境が重要であり（後略）」とあるように、質の高い保育実践は、保育者の学びによって支えられます。ここでは、保育者同士の学び合いのありかたや実践の評価について考えます。

## 1　互いのキャリアを理解したチームづくり

　ミドルリーダーは、チームで保育を共有する場をコーディネートすることや、初任者の育成、実践者の思いを管理職へつなぐ等、組織のなかで複数の役割を担っています。その役割は、園全体の実践や組織づくりに影響するものであり、キャリアアップ研修においても、マネジメント領域の学びが位置づいています。

　チームづくりは、チームを構成するメンバーを理解することから始まります。保育にあたる者のキャリアは、実に多様です。目に見えやすい外的なキャリア（職歴、保育の経験年数、資格等）はもちろん、目に見えにくい内的なキャリア（価値観や動機、生きがい等）、これらに影響されるその人の生活背景まで含めると、一人一人の職業経験の状況やライフステージが見えてくるのではないでしょうか。**チームを構成するメンバーの"多様さ"を認識**することは、**チームづくりに役立ちます。**たとえば、同僚の保育の仕事に就こうと思った動機を聞くと、それを知る前とは違う、その人へのあらたな理解が生まれることがあります。保育は、生活のいとなみでもあるため、一人一人の価値観やこれまでの経験が反映される要素が多く含まれています。その人の保育を支える思いを知ることは、互いの実践を理解する上でも助けになります。

日々実践をしていると、目の前の保育、明日の保育が優先されるため、互いの保育観や考えをじっくり語り合うような機会はどうしてももちづらくなります。したがって、年度はじめなど、共に保育するメンバーが変わる時には、あらためて**互いのことを知りあえる機会を設けることを意識**しましょう。語り合いのテーマには、これまでの子どもとの関わりのなかで印象に残っている出来事や、ある出来事をきっかけに保育者としての考えが変わったという経験といった内容を設けてみてもよいでしょう。どの保育者にとっても、印象に残る子どもとの出会いがあります。そのため、保育者のキャリアは、子どもとの相互作用によって支えられているとも考えられます。こうした保育者のキャリア形成に影響をもたらす要因への理解を深めることは、保育者の協働を支える対話をデザインする上でも強みとなります。その人の経験や保育観が自然と語られるテーマを考え、ミドルリーダー自身も楽しみながらメンバーとの対話をデザインしてみましょう。

## ② 実践の評価とタイミング

　質の高い保育実践を行うためには、実践の省察や評価が独りよがりにならぬよう意識することが必要です。ミドルリーダーには、チームの実践や省察のありかたを客観的に捉える視点が必要です。自分本意の省察や評価を脱するためには、指針・要領等で示される保育の基本となる考え方に基づき、クラスや学年、園全体で話し合い、多様な観点から実践を検討することが重要です。それは、自分たちの保育実践を評価し、軌道修正や再構築を行う大事な過程でもあります。第2章でもふれたように、保育の自己評価については、保育所保育指針の「第1章　総則」の「3 保育の計画及び評価」に示された「(4) 保育内容等の評価（ア保育士等の自己評価、イ保育所の自己評価）」「(5) 評価を踏まえた計画の改善」に示されています。

　その内容の1つに、次のようなものがあります。

> ア　保育士等の自己評価
> （イ）　保育士等による自己評価に当たっては、子どもの活動内容やその結果だけでなく、子どもの心の育ちや意欲、取り組む過程などにも十分配慮するよう留意すること。

　ミドルリーダーは、こうした実践を評価する際の観点をおさえた上で、日々のクラス会議や学年会議で話し合う内容を考えたり、議論を方向づけたりする役割を担っています。また、クラスや学年会議で話された内容や保育者の意見を管理職へとつなぎます。

　さらに、保育所における自己評価は、一年のなかで保育活動の区切りなど適切な時期を選んで行うこととされています。一方で、保育実践は常にめまぐるしく動いています。そのため、自己評価の時期を待たず、今、ここで話し合うことがチームにとって最善の場合もあります。目の前の実践を見ながら、話し合いのタイミングを見きわめることも大事な視点だと考えられます。

　キャリアアップ研修マネジメント領域の学びにもあるように、現代の保育においては、こうしたミドルリーダーの力が期待されています。

★★★★ 主に管理職者に意識してほしい視点

# 園全体で実践を探求する

　保育をめぐる課題は、多様で複雑になっています。社会状況の様々な変化に応じた保育のありかたを模索する動きが活発になっているなか、園長などの管理職は、組織として保育の質の向上に向けた取り組みをリードする役割を担います。保育は、子どもの人権に十分配慮し、子ども一人一人の人格を尊重して行うことを原則としています。同時に、地域に開かれた社会資源として地域の様々な人や機関と連携していくことが求められています。こうした保育の目標を達成するためには、計画性のある保育を実践することが必要です。全職員で理念や方針を共有し、各々の職種や立場に応じて計画作成に参画することを通して、園全体の保育の方向は共有されます。

　これまで学んだように、初任者は、実践しながら保育を語る言葉を少しずつ磨き、実践力を高めます。ミドルリーダーは、チームでどのように実践の方向性を共有するか、実践の評価をどのように生かすかを考えます。管理職は、こうした保育者のキャリアに応じた学びや役割を理解した上で、園全体で保育実践を探求できるような大きな道筋を考え、職員が学び続けたいと思える機会をコーディネートする役割を担います。したがって、管理職自身も様々な研修や研究会等に参加して積極的に学び、自園の保育や組織の状況を捉える視点を身につけることが欠かせません。

　園全体で実践を探求する取り組みでは、互いの保育を見合い実践を検討する**保育カンファレンス**を定期的に実施する、記録を基に実践を検討する、時には他園の実践を見学する機会を設けるといったアプローチがとられることがあります。しかしこれらは、実施さえすればよいというものではなく、自園のその時の課題やテーマに即しているからこそ、有意義な学びとして蓄積されるものです。園内の学びが、職員にとって時間をつくってよかった、まだ学びたい、といった実感が伴う内容になっているかをキャッチすることも必要です。職員と共に実践を探求しようとする管理職の姿は、園の風土にも影響していくものでしょう。目まぐるしく変化する時代における保育実践は、保育者個人も、園全体でも学び合い、現状を見直しながら、持続的に変化する力が求められているのだと思います。

## 🚩 GOAL まとめ　実践と学びの往還が保育を磨く

　　実践者が学ぶ上での最大の強みは、日々の保育のなかに、問いや深めたいテーマがたくさん存在していることです。理論と実践を結び付けながら、日常を解釈し直すおもしろさに出会えた保育者は、専門職としての学びを自ら積み重ねます。保育者同士が学び合う場に参加する、専門書を読む、実践を発表する等、その時に必要な学びを選択し、保育者としての自分を成長させようとしています。

　　また、職場内での立場が変わることによって新たな学びのテーマと出会う人もいるでしょう。保育者の専門職としてのキャリアは、**実践と学びを往還させながら保育を探求する姿勢**があってこそ磨かれていくのではないでしょうか。

## Work 1　子ども理解を深めよう
（所要時間45分）

▶ **ステップ①** 子ども理解を深めるために、個人やチーム・園で取り組んでいることはありますか。たとえば、記録作成（エピソード記録、ドキュメンテーション等）とその共有方法、会議のもち方、研修内容等、子ども理解を深めることにつながる個人や園内の取り組みを書き出してみましょう。

_____

_____

_____

▶ **ステップ②** 子どもの遊びを支える環境構成について、チームで共有したり、学び合う機会はありますか。それはいつ、どのような方法で行っていますか。実際に園で行っている内容を挙げてみましょう。

_____

_____

_____

▶ **ステップ③** 上記①、②を書き出してみて気付いたことを話し合ってみましょう。

_____

_____

_____

### ヒント

　　保育者の実践知は、個人の学びとチームによる学びによって支えられます。学ぶことは、自分やチームが変わっていくことでもあります。園内ではどのような学びが蓄積されているでしょうか。ワークを通して、個人、そして園の学びの現状を分析してみましょう。

第3部

キャリア形成実践のための
発展的視点

# 第4章

# 管理職の意識

　第4章では、保育専門職者としての人材育成・キャリア形成を実現していくために、管理職者としてのさらなるキャリア形成への意識や、各施設等での取り組みの実際についてふれていきます。保育の質の向上を目指す専門職集団として、常に「子どもにとってどうなのか？」という問いをもち続け、考え合い、学び合うなかでの職員の育ちをもたらす人材育成のありようについて探求していきましょう。

　何より、このことを実現していくためには、職員間の豊かな関係性のもとで生み出されるチームとしての働きが必要となってきます。保育におけるチームとは必ずしも組織のなかだけではなく、行政をはじめとする地域や他専門職といった外部との連携も含まれます。様々な垣根を超えたチームとしての働きをより活性化させていくためのマネジメントが必要となるのです。とりわけ、**管理職者が意識的に行うマネジメント**が重要です。

　本章に掲載している「管理職の意識」にかかる内容は、その具体的な視点と方略（マインドとスキル）として参考となるものです。「保育の質の向上」と「組織的な保育力の向上」という目標の達成を図っていく上で、すべての職員が安心して働くことのできる関係性を構築していく「メインテナンス」機能がしっかりと働くように意識的に取り組んでいくことが求められます（153ページの図表4-7参照）。

# 管理職としてのさらなるキャリア形成 —園長研修と園長の"見える化"—

## はじめに 園長のキャリア形成とは

園長に求められる職務は多岐にわたります。ですが、園長としてのキャリアを支えていくための研修もあまり充実していない現状があります。幅広いことを求められるがゆえに広く浅くなりがちですが、深めていく視点と実践の場を模索したいものです。そこで、現状を肯定して強みや得意を生かすキャリア観が園長自身にもまた、園という組織全体にも、大切になってき

ています。持続的に職責に向き合うためにも、園も園長の仕事も"開いていくイメージ"をもちましょう。

## 1 園長として"得意"を生かす

### ①園長のキャリアの難しさ

園の運営のトップリーダーである園長は、保育の計画・実践・振り返りから、事務的な行政とのやり取りや補助金などの対応、職員の労務管理、職場の同僚性を育みつつ保育の質の向上を目指し、人手不足による職員確保や採用に奔走し、園児募集に当たっても募集要項をまとめて説明会をして、さらには情報発信のライター的存在でもあり、日常的な細々した対応までをされている場合が少なくありません。理事長と園長を兼任されておられる方も多いようです。そうなると法人の経営、理事会・評議員会の対応や予算・決算の作成、法人としての決裁業務も多岐にわたり、これですべてではないくらい多くの仕事をする必要があります。もちろん、法人の規模により、法人本部が機能して保育実践の統括的な仕事に専念できる園もあるでしょうし、園長と理事長がそれぞれいらっしゃる場合でも変わってきます。そのなかで、どのような園長を目指し、園長としてどのようにキャリアを形成するのかを考えたいと思います。

園長であっても「**マルチになんでもできるリーダーではなく、"得意"なことを生かした、あなたらしい園長になる**」ことを目指しませんか？ 誰よりも優れているから園長になるのでしょうか？ そういった方もいらっしゃいます。ですが、多くは「私に務まるのか？」と自問しながらも、日々課題と向き合っておられるのではないかと思います。

### ②学校法人めぐみ学園阿久根めぐみこども園の実践例
#### ―「凸凹の共有」を大切に―

　筆者が理事長を務める学校法人めぐみ学園では、「凸凹の共有」を大切にしています。凸凹の共有とは、次のようなものです。

①子どもの自己肯定感を大切に育むのであれば、大人（保育者）の自己肯定感も大事にしよう。
②そのためにも、人には得意なこと苦手なことがあり凸凹しているので、自分が好きなことや得意なことを生かしてほしい。
③自分の好きなこと得意なことで他の人の苦手をカバーできるような組織にしたい。
④自分の苦手なことを受け止めてくれるような関係性をつくりたいし、目指している。

　たとえば、一人一人の凸凹をレーダーチャートで表した時に、園に関わるすべての人のチャートを重ね合わせると、凹んだところが誰かの得意（凸）でカバーされ丸に近づくイメージです。園長も含めて園全体の凸凹を上手く組み合わせられるように俯瞰的に見て関わることは、トップリーダーである園長の大切な役割なのかも知れません。

　また、働き方改革もいろいろと取り組まれておられるかと思いますが、保育に関わる仕事を精選して、保育者でなくてもできる仕事をアウトソーシングしたりすることも大切な観点です。園長の業務は、他の業務と違い簡単には分業できないことも多いわけですが、外部や専門家の力を借りることはできるかも知れません。そこを検討して取り入れることで園長の働き方改革、意識改革になる可能性があります。

## 2　園長の研修

### ①「全国認定こども園園長・副園長（教頭）ステップアップ研修会」

　園長の研修の実態としては、保育所に関しては厚生労働省が初任保育所長研修を委託により開催し、中堅保育所長研修も行っています。幼稚園・保育所・認定こども園各団体とも設置者・園長に向けた研修を開催しています。しかし、内容として体系立ったものを受講するスタイルはあまりないのが現状です。保育者に関しては、保育士等の処遇改善を伴うキャリアアップ研修が行われるようになり、見直されることにはなりました。ですが、園長は受講の対象ではなかったり、免許更新制度も取り止めになるなど、体系立った研修を受講する機会が少なくなります。

　公益社団法人全国認定こども園研修研究機構は、「全国認定こども園園長・副園長（教頭）ステップアップ研修会」というものを開催しています（図表4-1）。ステップⅠからステップⅢまであり、1年に1ステップしか受講できないため、Ⅲまで修了するには最短でも3年かかるようになっています。

　知識をインプットするだけに留まりがちな研修であったため、ワークショップを

◆図表4-1 「全国認定こども園園長・副園長（教頭）ステップアップ研修会」概要

**認定こども園の実践及び経験から考えられる質の向上のためのステップ**

標準教育機能・保育機能・子育て支援機能を一体的一貫的に運用するためには、
最低3年以上。機能ステップ1・2・3が必要。

| | |
|---|---|
| 認定3年目以降 | ●更なる質の改善のための運用並びに経営のPDCAサイクル活用<br>●認定こども園として地域貢献施設としての機能強化<br>●認定こども園を核とした地域ネットワークの確立<br>●全ての子どもの最善の利益の観点から養育支援 |
| 認定2年目以降 | ●幼保一体の質の高い標準教育機能と保育機能の構築のためのPDCAサイクルを活用した自己評価・外部評価<br>●園行事等における保護者の子育て支援機能のPDCAサイクルの活用<br>●地域子ども子育て支援事業との連携ネットワークの確立<br>●バックアップ施設としての機能強化 |
| 認定1年目 | ●幼保一体の質の高い標準教育機能と保育機能の確立<br>●保護者の子育て支援機能及び親子登園等の充実<br>●職員のローテーション及び質を高めるための園内研修 |

**幼保連携型認定こども園の「従うべき基準」をゼロ基準として**

出典：公益社団法人全国認定こども園研修研究機構　https://kodomoenkikou.jp/

入れることで、アウトプットの機会をつくり、知識の定着と研修終了後のモチベーションの維持向上に寄与できるようになってきたようです。最短で3年かかるわけですが、インプットしたことを実践する期間が園長等にも求められている点で、これまでになかった研修になっています。実践するなかで出てきた課題などを次のステップアップの講座を通して、解決や改善する糸口を探るようになっているわけです。

### ②園長が自らを開くことによって園も開かれていく

　保育の質の向上を目指す上で、園長の存在や役割や与える影響はとても大きなものです。園長こそ率先して、これからの保育には何が求められているのかを学び続け、現状の保育実践をどのように改善していくことで実現できるのかを示していく必要があります。そのために充実した園内研修を行い、園長も研修で学んだことを実践することが必要ですし、定期的に振り返りを行うことで、実践力を高めることが求められています。

　幼稚園・保育園・認定こども園の各団体のなかには研修のセクションがあり、その役を担っているのは団体加盟園の中からそれぞれ園長が数人ずつ担当しています。保育者の研修については、外的な要請や要因もあって変化していますが、園長の研修に関してはなかなか変わらないのが現状です。聞きたい話を聞いて満足する研修の形を変えていく必要があります。保育者への研修効果という論点は聞いたことがありますが、園長に関しては話題に出されることがあまりありません。先述の通り、幅広い知識が求められるがゆえに、研修も広く浅くなりがちなところがあります。広くは今後も大事なことですが、深められるような研修に変わっていく必要

があります。深め方は様々かもしれませんが、インプットしたことをアウトプットしたり、実践したものをもち寄ったりしてみることは重要です。研修を聞くだけでない形で企画していくことはすぐにでも取り掛かれることの1つです。

　なかには大学院に進学する方もおられます。専門的に学ばれた方が核となり、それぞれの園の取り組みや学びを意味づけられる人が増えていく未来を描けると、保育の質の向上も自園だけに閉じずにできそうな気がしてきます。公開保育を使って保育の質の向上に取り組む例もありますが[*1]、園を開くことで見えてくること、聞こえてくることが重要だということでしょう。また、そういった場をコーディネートする存在の育成や、全体の方向性を示したり企画、立案、実行することもあわせて進めていくことが大切です。

＊1　一般財団法人全日本私立幼稚園幼児教育研究機構では「ECEQ®（イーセック）(Early Childhood Education Quality System)」というシステムを進めています。これは、幼稚園等が公開保育を実施して外部の視点を導入することによって、自園の教育実践の質向上につなげていく学校評価実施支援システム「公開＋保育を活用した幼児教育の質向上システム」のことです。https://youchien.com/research/eceq/

### ③　園長になるまでのキャリアを生かした園長のキャリア形成

　新卒でそのまま園長になるということは、かなりまれなことです。保育の実践者が主任や副園長等を経て園長に就任するケースや、他の職種から園長に就任するケース、後継者として主に親族等が就任するケースなどが多いのではないでしょうか。園長としての資質を備えていることは重要なことですが、園長の業務の幅はたいへん広いものがありますのでその能力が就任時にあるとは限りません。園長としてのキャリアは就任してから積み上げていくことを意識する必要があります。

　1つは、**園長になるまでに培ってきたこと**がみなさんあるわけですから、それを生かさないともったいないわけです。現場からのキャリアであれば保育実践の良き指導者・理解者になれるでしょう。また、別な業種からであれば、これまでのキャリアの何が保育に生かせるのかを模索し、慣例として見直しにくくなっていることを、慣例を知らないからこそ気付けることを質向上の出発点にすることもできるのではないでしょうか。

　もう1つ、自分が**モデルにしたい憧れるリーダー**が見つけられることも大きいのかも知れません。コロナ禍で対面での研修などが減ってきたため、簡単には見つけにくくなってきている部分もありますが、保育に限らず様々なリーダーが世におられますので、書籍等を通してでも、「私もこうありたい」と思えるような目指す先の姿があると迷わずに進めるのかもしれません。

　子どもも、保育者も、園長も、自己肯定感が育まれる組織を目指すためには、すべての人の現状を肯定的に捉えることが大事です。足りないものに目を向けるだけではなく、今できていることに目を向けることで、現状を肯定できるようになると思います。

### GOAL まとめ　効果と課題

　園長の仕事は多岐にわたり、あらためて何をしているかと問われると端的に答えられないものです。よく写真を撮っていた園長が卒園生にカメラマンだと本気で思

われていたという笑い話もあります。園長の仕事がスタッフにもっと見えるように
していく必要があります。園長の仕事は替えがきかないのではなく、実は何をして
いるのかを誰も知らないから、替わりたくてもできない、と表現できるかもしれま
せん。保育者のキャリアイメージの先に園長があるためにも、もっともっとやって
いることを、そこにはどんな想いがあるのかも含めて発信していく必要があるので
はないでしょうか。発信すれば伝わるわけではありません。伝え方も磨く必要があ
ります。そのために自園ですでにもっているメディアも活用できますし、SNSなど
を活用すると、保育の業界以外ともつながりができ、やっていることを発信するこ
ともでき広く知ってもらうきっかけになります。

　就学前の教育・保育の重要性はますます増していきます。出生数が減り続け待機
児童の解消を目指した量の拡大の時期は終わりが見えています。いよいよ質が問わ
れる時代です。教育・保育にかかる期待も大きくなってきています。それらに少し
でも応えていくためにも、まずは身近なところから理解者を増やしていき、園長の
仕事や存在に関心をもってもらうことからはじめることもできると思います。

　トップリーダーの思いを知ることで、園を構成しているメンバーの当事者性も高
まります。「自分に何ができるのか？」と問いをもつことで、漫然と仕事をするの
ではなく、園の目指す方向と自分のできることやりたいこととをすり合わせ、自ら
考えて行動する主体的な保育者が育つのだろうと思います。園長だけが保育者に関
心を向けるのではなく、相互に関心をもてると孤独になりがちな園長も自己肯定感
をもてると思います。そのためにももっと**園長の"見える化"は大事なポイント**で
はないかと思います。

## Work 1　マンダラートを使ってこれからの園運営を考えてみよう （所要時間60分）

**準備物：コピー用紙、サインペン**

　マンダラートとは、発想法の1つです。3×3のマスで構成されるマンダラートシートの中心
にテーマを書き、そこから周辺の8マスを埋め、その周辺の8マスを新たなマンダラートシート
の中心にすえて、また周辺に8つ発想を広げていきます。最終的には9×9の81マスになります。
野球の大谷翔平選手が花巻東高校時代にマンダラートを使って「ドラフト1位で8球団から指名」
されるための目標設定に使い、さらにはそのほとんどを目標達成しているということから、広
く知られるようにもなりました。

　今回は手軽に進めるために、コピー用紙を9枚ご用意ください。それぞれを縦横に三つ折りし
て9マスの紙を9枚用意しておいてください。ペンはボールペンよりも細くないサインペンなど
がよいと思います。

　では、ワークを始めます。

◆ マンダラートシートの一例

| 1. 子ども | 2. おとうさん・おかあさん | 3. おじいちゃん・おばあちゃん |
|---|---|---|
| 4. 現役の保育者 | 問い（テーマ）<br>それぞれの立場から見ると<br>どんな園であってほしいと<br>願うでしょうか？ | 5. 養成校にいる学生 |
| 6. 小学校以降の学校 | 7. 市区町村・地域コミュニティ | 8. 日本 |

ステップ① 中心の問い（テーマ）は「それぞれの立場から見るとどんな園であってほしいと願うでしょうか？」にします。

ステップ② 一枚のマンダラートシートの中心に上記の「 」内の問い（テーマ）を書き入れてください。

ステップ③ そしてその周辺には8つの自分ではない視点から見たこんな園であってほしいを1つずつ書いていきます。たとえば、子どもであれば、「心ゆくまで遊べる園」などといった具合に、身近な誰かを想定するというより、子ども全体が本質的に何を願っているかということで書き出してみてください。

ステップ④ 次に残る8枚の白紙のマンダラートシートに、子どもが願うであろうと書き出したものを真ん中に書き入れてください。例でいくと、真ん中に「心ゆくまで遊べる園」と書くことになります。

ステップ⑤ 次はその真ん中の願いを実現するために、何ができるのか？何をする必要があるのか？を周辺の8マスに書き出していきます。8マス全部を埋めることが大切です。

ステップ⑥ それを1〜8の願いをマンダラートシートの真ん中に書き入れすべてやってみてください。

**ヒント**

8マス全部を、最終的に並べると9×9マスで81マスになります。時間をかけていいので、すべて絞り出して埋めてみてください。一人で難しい時にはぜひ複数でやってみてください。思考の整理として、思考の訓練として、さらには自分だけの視点ではないことから、自分たちの仕事を見つめるきっかけになります。マンダラートは1つの型ですので、いろんなものに応用できます。ぜひ様々な場面で使ってみてください。目標設定とその達成の文脈で使われていることがよくありますが、保育においてはあまり目標達成にこだわらずに、思考の拡散や整理のために使っていただく方が合うと思います。

---

**キャリアアップ・レビュー** 👉 学びに役立つおすすめ書籍

### 『保育ナビブック　園のリーダーのためのリスペクト型マネジメント ①組織改革の4つの視点』

大豆生田啓友編著　フレーベル館　2022年

　園長としても、様々なマネジメントのあり方を知ることは刺激になるものです。組織改革を4つの視点でとらえ、それぞれに実践事例が紹介されています。苦悩のないマネジメントなどないと、ある意味勇気づけられもします。

## 第2節　養成校との連携

### はじめに　未来の保育仲間を育むために

　養成校との連携によって、園も未来の保育者も養成校も“三方よし”となる関わり方はあるのでしょうか。本節では、現場の担当者任せではなく、園全体で組織的に学生や養成校との関わりを考えていくことによって、お互いのもつ強みを生かし、よりよい保育を実現し、未来の保育を支えていく力となる連携のあり方について、筆者の勤める社会福祉法人ほうりん福祉会（寺子屋まんぼう、寺子屋大の木）の実践例をもとに考えてみたいと思います。

### 1　実習の中身を変えることで人材育成や園のマネジメントが変わる

　園と養成校の連携のあり方としては、実習受け入れや見学、ワークショップ、研究協力、情報交換、就職相談等の様々な方法があると思いますが、今回は主に、効果の出やすい**実習受け入れ**と**ワークショップ**についてお話したいと思います。

#### ①実習指導は今のままでよい？

　あなたの園では、未来の保育者である実習生に、園がおこなっている保育のなかでの経験や体験を通してどのような気付きや学びを提供できていますか。これはたいへん難しいテーマと言えますが、子ども主体の保育、環境を通した保育とはなにか等、養成校で学んできた様々な知識を深い学びへといざなっていくことは保育に携わる人の使命だと思います。

　当園の実習のあり方の見直しのきっかけは、園長が感じていたいくつかの疑問点にありました。

- 実習記録（日誌）や日々の実習指導のあり方は担当する保育者で違っているけれどもそれでいいのか。
- 保育者によっては、日々の実習記録（日誌）に赤入れや差し戻しもなく、見ていないもしくは訂正の仕方がわからない人もいるという状態は良いのか。
- なぜ、園では残業をなくしてノンコンタクトタイムの確保を目指しているのに、実習生には家にもち帰って実習記録（日誌）の記入を求めるのか。

このような疑問を抱きながら実習生を受け入れていた時、実習指導の担当保育者から相談をもちかけられました。その保育者は、自分の学生時代における実習での指導に苦しんだ経験をもっていたこともあり、自分の指導をどうしたらよいか悩んでいました。そこで、あらためて実習を見直してみることとなったのです。

　保育者とのヒアリングのなかでは、「デイリー型の記録を毎日書く事の意味や意義がわからなかった」などの意見が出ました。つまり、実習の一つ一つの活動において何を感じ、何を身に着けるものかということが、実習をする側も提供する側も明確には意識されないままにおこなわれていることが多いのではないかということです。

　そこで思いあたった根本的な問題の1つが、保育者自身がその養成課程においてそもそも実習指導については学んではいないということです。自分が保育者として「未来の保育者に何を伝えていきたいか」を考える機会や「そのためにどのような方法があるか」を考える機会がなかったため、個人の感覚でのバラバラな指導になってしまうのだと考えました。そのために指導者側も悩んだり、これはこういうものだと割り切って深く考えずに、実習指導が展開されているのが実情だと思います。

　一方で、学生を送り出す側の養成校も、実習記録（日誌）の書式や記入方法が養成校ごとに違うため、受け入れる園としても統一した指導になりにくいということがありました。

　それならば、実習指導を一から見直して、実習指導の担当者が実習生と共に「実習を通して互いに学びを広げ、実習生の成長を支えていく」、そのような実習のあり方にしたいと考えました。そこで、各養成校と様々な協議を行なった上で、若手保育者を中心に実習のあり方を見直す取り組みを展開していくことになりました。

### ②様式や方法を未来志向で見直す

　私たちは近隣の養成校教員と連携・協働しながら、「保育所保育指針に沿った実習記録（日誌）とは？」という視点から様式を見直すことからはじめました。そして、保育環境への気付きや子どもの観察からの気付きを促し、可視化できるような実習記録（日誌）のありようを試行錯誤しつつ、開発を続けてきました。まさに、未来の保育者と若手保育者が共に育ち合える関係性のなかで生み出される実習のあり方を検討していきながら園の実習指導体系を考え、実践してきました。

　実習記録（日誌）を新しい様式にするにあたっては、「子どもが主体であることを理解できる様式」であることを第一に考えました。子どもが興味のあることをどのように成長につなげていくかをサポートする保育が「子ども主体の保育」だと思います。そのため、子どもを様々な視点から見る力や、子どもを理解しようとする姿勢を保育者に身につけてもらえるようにと願い、様式をアレンジしていきました（図表4-2）。

　保育者も実習生も「**保育を振り返り、記録すること**」で自分の保育実践（実習）を見直し、子どもの成長を支えるより良い手立てを見出していくことができます。これを積み重ねることによって、保育の未来を支える実習生と園の若手の保育者が、

◆**図表4−2　実習で作成する環境フォトマップ**

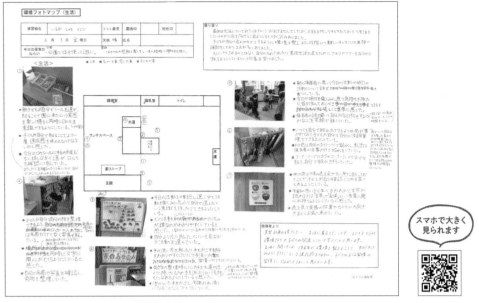

出典：社会福祉法人ほうりん福祉会の実習生作成

記録の読み取りを通して共に学び、成長し合える実習に変わりつつあります。

　実習生にもヒアリングしながら継続的に改善していったところ、実習生は現在では8時間と休憩1時間という時間枠のなかで実習記録（日誌）等を含めて実習を終え、家に帰ることができます。自宅では、明日の子どもとのやり取りを想像しながら、体と頭をリフレッシュさせることができているようです。

　実習のありようを今後も試行錯誤を重ねて、さらに改善してより良いものにできればと思っています。

### ③実際の様子

　当園の実習指導の具体例を、「保育実習Ⅱ*1」の指導例を中心に説明したいと思います。まず、実習指導上のねらいを次の3つに決めています。

> **保育実習指導上のねらい**
> 1. 保育環境を空間的に捉え、どのような意図があって創られた保育環境なのかを考え、記録する。
> 2. 保育者と実習生の語り合いの時間を設けることで、主体的な子どもの姿だけでなく、保育者の思いを知る。
> 3. 実習生が環境構成へ目を向け、子ども主体の保育を行うための環境構成が大切だということを知ってもらう。

　とりわけポイントとなるのが、「**成長ストーリー**」による記録作成の取り組みです。これは当園独自の用語であり、取り組みなのですが、子どもに起こったこととそれを保育者がどのような眼差しで見たのか、そしてその成長をどのようにつなげていきたいかを写真を添えて記入し、実際にどのような成長をしているかを伝えていくものです。これを核にして実習を進め、記録していきます。図表4-3に、当園

＊1　保育所における実習は、「指定保育士養成施設の指定及び運営の基準について」（厚生労働省：平成30年4月改正）に示された「保育実習実施基準」に定められています。「保育実習Ⅰ」は、保育所での実習と保育所を除くその他の児童福祉施設等において、それぞれ概ね10日間ずつ行われる基礎的な実習として位置付けられています。この経験を踏まえた応用的な実習として「保育実習Ⅱ」あるいは「保育実習Ⅲ」が選択実習として準備されています。引き続き保育所での実習を希望する者は「保育実習Ⅱ」を選択し、保育所を除くその他の児童福祉施設等での実習を希望する者は「保育実習Ⅲ」（いずれも概ね10日間）を選択し、実習に臨むことになります。保育実習にはこうした段階性があります。

◆ 図表4-3　社会福祉法人ほうりん福祉会の「保育実習II」の指導内容

### 保育者の視点

- 「未来の保育者」が、保育をする時に役立つような子どもや環境へのまなざしをもてるように関わる。
- 実習期間を通して、子どもを集団として見るのではなく、個の集まりが集団だと理解してもらえるように意図して関わる。

### 活動環境

- 2週間同じグループに入り理解を深めてもらう。
- デイリー、指導案、成長ストーリーのすべてを園でパソコン入力をする。
- 実習時間内に終了できるよう記録入力の時間を設ける。

### 実習活動予定

◆1週目

| | 月曜日 | 火曜日 | 水曜日 | 木曜日 | 金曜日 | 土曜日 |
|---|---|---|---|---|---|---|
| 実習記録（日誌） | ▶全体の流れを確認し、気になる1場面をデイリーに書く。 | ▶気になる1場面をデイリーに書く。<br>▶気になるシーンを写真に撮る | ▶昨日とは違う1場面をデイリーに書く。<br>▶気になるシーンを写真に撮る<br>※遅番体験 | ▶環境フォトマップ（生活面）<br>※気付いたこと＋子どもの姿<br>▶部分実習の相談 | ▶環境フォトマップ（遊び面）<br>※気付いたこと＋子どもの姿<br>▶来週のコーナー替えに向けての相談 | ▶異年齢の関わり<br>▶デイリー半日 |

- 初日に全体の流れをつかんだら自分が気になる1場面をデイリーに書いていく。
- 2日目からは写真を取りながら保育に入り、環境フォトマップの準備もする。
- 翌週の月曜日にコーナー替えを行うために、フォトマップを作りながらどのコーナーをどうしたいかを相談する（これまでの子どもの姿も伝え、どこをどう変えたいか、どう導入するかなども相談していく）。

◆2週目

| | 月曜日 | 火曜日 | 水曜日 | 木曜日 | 金曜日 | 土曜日 |
|---|---|---|---|---|---|---|
| 実習記録（日誌） | ▶コーナーデイリー（1つのコーナーをピックアップし、そこの出来事を書く） | ▶昨日実習生が組んだコーナーのデイリー（責任実習コーナーの出来事を書く） | ▶1人の子どもの一日の姿に注目してみる | ▶水曜日と同じ子に注目してエピソードを探し、成長ストーリーを書く | ▶成長ストーリーの直し<br>▶振り返り | ▶成長ストーリーの感想や実習を終えての感想・まとめの記入 |
| 実習内容 | ▶責任実習としてコーナー変え実施（夕方） | ▶早番体験<br>▶部分実習としておあつまりをする | ▶コーナーのその後についても様子を見る | ▶学びの一歩、次への一歩、5領域を一緒に考える | ▶成長ストーリーを書いてみた感想記入 | |

- 2週目は成長ストーリーを書いてみる。
- そのための視点のもち方などが育つように関わる。
- 自分が作ったコーナーで子どもがどのように遊んでいるかを観察し、必要があれば変化させていく。
- PDCAのサイクルが回るようにする。計画し、環境構成をし、振り返りをし、環境変更をした後に、再度その変更した環境について振り返りまでができるようにすることで、実習生自身が行ったことがどのように影響したかがわかり、保育をつくっていくことの意味や効果を実感できる。

出典：筆者作成

の保育実習Ⅱの全体像をまとめました。

　園としては実習8時間、休憩1時間を保障し、実習記録（日誌）や振り返り、翌日の準備も8時間の枠内に収めることを前提に、実習の指導内容を構成しています。写真を活用した記録の導入や、パソコンでの記録の導入も行っています。人材育成の観点からも、実習指導は若手保育者が担当し、実習生に寄り添うことでその保育者自身の成長も促します。そして、その若手保育者を中堅保育者が支えながら、育ち合い気付き合う関係性ができればと願い、対応しています。

## 2　見学・ワークショップについて

　見学やワークショップを行うことは、養成校が今育てたい学びや学生に与えたい経験や伝えたいことを、養成校の教員と共有するよい機会となります。学生にとっては、何より子どもや保育について考えることや保育実践の楽しさ、おもしろさを肌で感じる機会であり、また、園にとっては自園のことや保育を知ってもらう機会となります。未来の保育者たちが自園の保育を見てどう感じるのか、どのような保育をしたいと思っているのかを知ることは、今後の園の方向性を考えるための大きな材料となると思います。筆者は、その機会が園として大切に思っていることを、日ごろから学生にも伝えるようにしています。

　当園で行っている取り組みを、以下のワークショップで紹介します。学生だけにとどまらず、園内研修として取り組むと、自園の保育環境を再認識できるワークです。見学や園内研修等でご活用いただければと思います。

### GOAL まとめ　効果と課題

　いわゆる「時系列型」による実習記録（日誌）を毎日書くことがあたりまえであったころから比べると、単に「書類を書くこと」から「保育を知ること」に実習生の眼差しが向きやすくなったように思います。保育の楽しさやおもしろさ、子どもへの眼差しの向け方を、より大切にできるような方法を今後も引き続き探していきたいと思います。

### Work 1　環境構成のステキなところをポートフォリオにまとめてみよう

（所要時間180分）

　ふだんはなかなか見ることのない保育室の環境について、担当者がどんな工夫をしているか、どんな意図で構成されているかを知ると、どんなことを考えて環境をつくるのか、なぜそのような保育を行っているのかが見えてきます。

　このワークを行うことで実習生が環境を観察するまなざしの疑似体験にもなり、実習生の質問に答える指導担当の保育者も、人に説明することであらためて自らの環境設定のねらいや保育をする上での意図を見直し再確認することで、保育に誇りをもつことができるようになりま

す。また、学生もこの取り組みをチームで行うことで、共感したり意見を交わしたりしながら保育への視点をもって、園を見学することができます。学生でも、園内研修でも楽しく学びの多いワークとなっています（※園内研修の場合は、自分の担当ではない部屋で行います）。

**ステップ①** 3〜4人ごとにチーム分けをし、タイムキーパー、カメラ担当を決めます。

**ステップ②** 保育室に入り、「工夫されているな」「すてきだな」「こういう意図を感じる」「どうしてこうなっているのか聞きたい」と感じたものを写真に撮ります（一部屋10分〜20分。人数や部屋の大きさによって決めてください）。

**ステップ③** その写真を印刷し、それをもってみんなで集まり（できればみんなの顔が見えるような形で）、その保育室の環境構成を担当した保育者に質問や意図の確認タイムを取ります。

**ステップ④** グループに分かれ、撮った写真のなかからみんなに伝えたいと思うものを選びポートフォリオをつくります（大きさは、時間や人数に合わせて大丈夫です）。ペンやマスキングテープ、シールなど飾れるものを用意しておくとより楽しめます（30分〜1時間30分。紙の大きさ人数によって決めてください）。

**ステップ⑤** 各グループのポートフォリオ（写真①）ができたら、順番に発表します（写真②、1グループ3分程度。）

**ステップ⑥** さらに、みんなの発表を聞いてどう思ったかなど互いのフィードバックを行います。

写真①

写真②

**ヒント**

学生さんのグループの見学時や、園内研修で保育者の意図の共有を図りたい時にも使えます。ポートフォリオをつくる過程で、他の人の視点のもち方を知ったり、どのような意図で保育環境をつくるのかがわかったりして、お互いの理解が深まる機会にもなります。
　グループで話しながらやる方が楽しいですが、一人でもできます。その場合紙の大きさを小さくするなどの対応が必要となります。

キャリアアップ・レビュー  学びに役立つおすすめ書籍

## 『世界でいちばん貧しい大統領からきみへ』

くさばよしみ著　汐文社　2015年

　キャリアを考えることとは、必ずしも上り詰めることを考えることではありません。自分がどうありたいのかを見つめ、何を大切にするかを考え、自分の生きる時間をどう使いたいかを考えるということ。ウルグアイのムヒカ元大統領のメッセージを通して、自分の価値観を見直す一冊です。

## 『マネジメント　MINERVA保育士等キャリアアップ研修テキスト7』

鈴木健史編著　ミネルヴァ書房　2020年

　今は、指示にしたがうリーダーシップの形から、みんなが必要な時にリーダーシップをとるようなあり方に変化していく時代のように思います。そのための気持ちのもち方や方法をワークと共に紹介した一冊です。

4
-
2

養成校との連携

# 第3節 「ICTの活用」の視点から

## はじめに　ICTにより保育を豊かにする

ICT技術は、①業務効率化、②保育者同士あるいは保育者と保護者との双方向コミュニケーションの活性化、③幼児の直接的・具体的な体験をさらに豊かにすることのできる強力なツールです。「ICTは文房具」といった視点を大切にして、日常の業務・保育への活用をしてみましょう。

## 1　保育施設でのICT活用の動向

昨今のわが国の保育施設における**ICT技術**（Information and Communication Technology：情報通信技術）の活用には、主に以下の3種類の取り組みがあります。

1つ目は、ICT技術の活用による業務効率化により多忙な保育者の事務負担を軽減することです。また、その生み出された時間を活用した保育の充実につながります。

2つ目は、ICT技術の活用により、保育者同士あるいは保育者と保護者との双方向コミュニケーションの活性化、または一方向の伝達方法の改善への活用です。これは特にコロナ禍で進展したことです。

3つ目は、幼児の直接的・具体的な体験をさらに豊かにするための1つの工夫としてICT機器を活用することです。

## 2　ICT活用での業務効率化

わが国の保育施設へのICTの導入は、保育士等の業務効率化を目的とした2016（平成28）年の厚生労働省通知「保育所等における業務効率化推進事業の実施について」[1]に基づく補助金の交付を契機に、大きく加速されました。

本通知においては、「保育業務支援システムは、保育所等の特性に応じた保育士の業務負担軽減に資するものである必要があることから、少なくとも下記の機能は必ず登載していなければならない」と記され、次の3項目は必須とされています。

①他の機能と連動した園児台帳の作成・管理機能
②園児台帳と連動した指導計画の作成機能
③園児台帳や指導計画と連動した保育日誌の作成機能

2021（令和3）年の厚生労働省の「保育分野の業務負担軽減・業務の再構築のためのガイドライン」[2]によると、「現場では、①ICTを活用した園務効率化、②IoT（Internet of Things）を活用した児童の安全確保、③公衆衛生向上の3類型のニーズが特に高い」と記されています。厚生労働省通知[1]においては、①の観点でのICT活用が主となります。その他、午睡センサーや保育室内設置カメラ等の活用は②の目的での活用となります。

## 3　ICT活用でのコミュニケーション活性化

ICT技術の導入により、保育者同士のコミュニケーションを深めたり、保育者と保護者とのコミュニケーションを高めることに貢献する場面が増えてきました。これは、2020（令和2）年にパンデミック（世界的な大流行）と認定された新型コロナウイルス感染症により外出を控えることが求められた結果、社会全

写真①遠隔会議システムにより保育所間をつないで実施する法人研修：うらら保育園

体にICT機器が急速に普及したことが大きな要因として指摘できるでしょう。

ZoomやWebex等の遠隔会議ツールを用いた職員研修への活用（写真①）や、保護者会等への活用が可能であるため、多くの園では、コロナ禍による緊急対応の1つとして遠隔会議ツールを活用するようになりました。これはICTを使用する1つのきっかけだったことでしょう。しかし、一度この技術を修得した保育者は、対コロナ以外にもこの遠隔会議システムを利用し続けるようになりました。今では、園や自宅等にいながら、全国各地あるいは全世界とネットでつながる1つの強力なツールとして、遠隔会議システムはもはや一般的なICTツールとなりつつあります。

## 4　子どもの直接的・具体的な体験をさらに豊かにするICT機器の活用例

**つるみね保育園の事例**

2021（令和3）年の中央教育審議会答申「『令和の日本型学校教育』の構築を目指して」[3]のなかで、幼児教育の内容・方法の改善・充実について記されています。

> 幼児期は直接的・具体的な体験が重要であることを踏まえ、ICT等の特性や使用方法等を考慮した上で、<u>幼児の直接的・具体的な体験を更に豊かにするための工夫をしながら活用</u>[1]するとともに、幼児教育施設における業務のICT化の推進等により、教職員の事務負担の軽減を図ることが重要である。（下線及び上付きの(1)は筆者による）

写真②デジタル発表「ぼくの畑・わたしの畑」：つるみね保　写真③子どもたちのプレゼン：つるみね保育園
育園

　本節では、答申の下線(1)の精神に沿う事例として、つるみね保育園の事例「野菜作りって、たいへん！でも楽しいなあ　～『ぼくの畑・わたしの畑』で、自ら学び続ける食育～」4)（NPO法人 キッズエクスプレス21　第13回　食育コンテストにて厚生労働大臣賞を受賞）を取り上げます（写真②）。

　つるみね保育園の未来創造カリキュラムでは、「9割のアナログと1割のデジタル保育」が謳われています。「ぼくの畑・わたしの畑」の活動として、フラフープを用いた園児一人一人の畑を育てています。これは生産から消費までの一連の食の循環を意識した食育の推進活動です。自分の畑の草むしりをしたり、植えた野菜等が害虫やカラスやたぬき等に食べられたりするプロセスを経て、栽培の大変さを知っていった子どもたちでした。

　子どもたちが自らの栽培経験をして収穫した野菜をもち帰ったり、家族で調理して食べたりするプロセスについて写真を撮影しました。そして、写真③のようにタブレットに入れた写真をプロジェクタに映写し、園のみんなの前でプレゼンテーションをする取り組みも行いました。

　「アナログ保育」による栽培経験を、「デジタル保育」によって写真を使ってプレゼンテーションをしていった子どもたちは、この一連の活動により、食への関心が高まるとともに、自分の考えを自らまとめて述べる経験を得ることができました。

## GOAL まとめ　効果と課題

　以上のいずれの取り組みも、一人の園職員の力だけではできません。とりわけ設備等の投資も必要になりますし、ICT機器の操作に園職員全体が習熟するまでは一時的にはICT機器の使用が業務効率を下げる場合もあることでしょう。そこで管理職の理解は不可欠なものとなります。

　ICT機器の導入にはコストがかかることもあり、管理職の理解が非常に重要となります。デジタル端末を用意することに加え、鮮明な画像をストレスなくやり取りするためには、安定したネットワーク環境の構築が不可欠です。設備投資という視点での管理職の理解は必須となります。

　つるみね保育園の取り組み例では、保育園でよく行われている栽培活動について、子ども自らがデジタル機器（写真）を用いて頭を整理する機会になっています。

栽培活動（アナログ保育）に関して、タブレットを用いたプレゼンテーション（デジタル保育）につながっています。単にICT機器を保育現場にもち込むのではなく、このように通常のアナログ保育を題材に、ICT機器を用いて自ら考えていく力が備わっていくものと考えられます。ICT機器をどのように活用していくのか、管理職も含めた園全体・法人全体の理解・取り組みが大切となります。

　わが国では、これまでの情報社会「Society 4.0」の時代から、AI（Artificial Intelligence：人工知能）によるビッグデータの解析によって経済発展と社会的課題の解決を両立しようとする「Society 5.0」の時代へと舵を切っています。今後のさらなる技術発展により保育の現場でもどのような活用ができるのか、技術の発達に関しても注視し、ICT機器の利用をタブー視せず、「1つの文房具」[5]と考えて活用できる部分はどんどんと活用していくという視点は今後ますます大切となるでしょう。

## Work 1　悩み相談　パソコンが苦手な人が増えて…

（所要時間60分）

　園長です。最近パソコンが苦手だという若い保育者が多くて困っています。スマホが高性能になって、若い人はなんでもスマホでやってしまおうとするからパソコンに慣れていないのでしょうかね。私の場合は、スマホで何らかの作業をしようとしても小さな画面が見づらくてがまんできないのですけどね。養成校ではパソコンを使った文書作成の授業もあると思うのですが。どうしたらよいでしょうか？

▶ ステップ①　あなたの考えやアイデアを書き出してみましょう。

........................................................................

........................................................................

........................................................................

........................................................................

........................................................................

▶ ステップ②　考えたことやアイデアをもとにみんなで話し合ってみましょう。

........................................................................

........................................................................

........................................................................

........................................................................

........................................................................

4-3　「ICTの活用」の視点から

確かにスマートフォンを駆使して、たとえ卒業論文のような何ページにもわたる文書であっても、大きなストレスを感じることなくすべてスマートフォンで対応しようとする学生も少数ですがいます。パソコンでキーボード入力をするよりも、スマートフォンのフリック入力に慣れた若い人が増えた印象はあります。パソコン作業に慣れるようにと若い職員に頑張るように指導することもよいと思いますが、園のネットワークにログインできる端末として、パソコンばかりではなくタブレット（iPadやAndroid等）端末の準備もあった方が便利かもしれません。タブレットならフリック入力に対応でき、カメラも標準搭載され、電話機能のないWi-Fiモデルを導入すれば端末も安価に購入できます。

**キャリアアップ・レビュー** 学びに役立つおすすめ書籍

**「発達 169号」**

ミネルヴァ書房　2022年

　この号の「特集2　保育とICT」では、ICTを活用している保育現場の具体的な実践事例を紹介しています。先駆的な実践例を通して、アナログとデジタルの使い方のバランスなどについて参考になります。

**『ICT活用の理論と実践　DX時代の教師をめざして』**

稲垣忠・佐藤和紀編著　北大路書房　2021年

　本書は、教職を目指す大学生を対象としたテキストですが、ICT活用に関する全体像を学びたい教職員にも役立ちます。2022（令和4）年度に新設された教職課程コアカリキュラム「情報通信技術を活用した教育に関する理論及び方法」に対応しています。

**引用文献**

1) 雇児発0203第3号「保育所等における業務効率化推進事業の実施について」2016年
2) 厚生労働省「保育分野の業務負担軽減・業務の再構築のためのガイドライン」2021年　p.66
3) 中央教育審議会答申「『令和の日本型学校教育』の構築を目指して　～全ての子供たちの可能性を引き出す、個別最適な学びと、協働的な学びの実現～」第II部各論　2021年　p.34
4) 認定こども園つるみね保育園「野菜作りって、たいへん！でも楽しいなあ　～『ぼくの畑・わたしの畑』で、自ら学び続ける食育～」(NPO法人 キッズエクスプレス21　第13回　食育コンテスト活動事例集)　2019年　pp.11-20
5) 前掲3

# 第4節　多職種協働による保育の視点から

## はじめに　園を取り巻く社会の変化と多様性

新型コロナウイルスの感染拡大により、働き方や住まう場所、生活の仕方などを含めた価値観が大きく揺さぶられ、人の「あり方」が問われる時代へと変化が起きています。そのなかでも、「保育」という営みは、変わらずに人と人との交わりのなかで続けられています。社会の変化が加速している今、専門性の高い人とチームを組んだり、様々な個性が集まって多様性を生かし合う**ダイバーシティ文化**が

どこまで浸透するか、保育現場でも、その力が試されているのではないでしょうか。

## 1　りとるぱんぷきんずグループでの実践事例

### ①芸術保育「あるて」の取り組み

　保育所という組織の場合、もともと保育士のみならず、栄養士や調理師、看護師といった専門職も所属している多職種の職場です。とはいえ、圧倒的に保育士の数が多く、子どもの姿を捉えながら日々の保育を展開するなかでは、保育士の思いや個性が色濃く毎日の保育に反映されます。

　待機児童問題が大きく取り上げられ、施設数が増えると共に進んだ保育士不足。そして、保護者支援や地域の子育て支援、配慮の必要な子どもへの対応、医療的ケア児の受け入れなど、保育所に求められる社会的役割は増えています。筆者が所属する社会福祉法人清香会りとるぱんぷきんずグループでは、保育現場とは直接の結びつきが薄かった「**臨床美術士**」を保育補助として雇用し、保育士の負担軽減につなげながら、様々な専門性を生かしたチームによる保育を進めています。臨床美術士とは、介護予防や認知症予防をはじめ、子どもから大人までの感性教育に効果があるとされるアートプログラムを実践する資格をもつ専門家です。

　2015(平成27)年4月から始まった当法人での取り組みは、2021(令和3)年度には7年目に入りました。臨床美術士と保育士の協働による芸術保育の実践研究に参加させていただいたことをきっかけに、「臨床美術士の雇用→共同研究への参画→保育現場での実践・振り返り→実際に子どもと関わる保育者がプログラム開発」といった流れを経て、今日まで来ています。内容も、より保育現場に即したプログラムに変化を続けています(写真①②、図表4-4)。

**2021年 4月 年長あるて「風のこいのぼり」**

年長になると、工程が多くなり特別な道具も使いこなすことができるようになります。そんな今回の道具は画筆。
コツがいりますが、力の入れ方、墨の量、筆の持ち手の傾け方、でさまざまな表現ができる筆です。
風にないてゆくこいのぼりの「風」をこの筆で表現しました。
自分で作るこいのぼりを泳がせてみたい風は自分ったり…。優しかったり…風の温度まで想像して描いています。

屋外に飾ってはいなくても、子どもたちの線の動きから、どんな風に乗りどのようにこいのぼりが泳いでいるのか…なんだか見えてくるような、そんな作品になりました。

写真①あるて「風のこいのぼり」制作活動の様子（5歳児）　　写真②あるて「風のこいのぼり」完成作品

◆ 図表4−4　芸術保育「あるて」における協働の変遷

| 芸術保育「あるて」における協働の取り組み | |
| --- | --- |
| 2015（平成27）年度 | 運営する全施設のうち3園に臨床美術士を配置し、幼児向けプログラムの実施。研究者を含めた定例会議にて実践の振り返りと発達に合わせた工程へのアレンジ。 |
| 2016（平成28）年度 | 臨床美術士配属園が4園に。季節や行事に沿ったプログラム開発がスタート。プログラムの体系化。保育者全体にプログラムへの理解を促す研修会を実施。 |
| 2017（平成29）年度 | 臨床美術士配属園が6園に。定例会議に管理職以外の保育者も参加。歳児別の発達に合わせたプログラム開発と先行園での実践をスタート。レクチャー（あるて心得）を受けた保育者によるプログラム実践。保育者の臨床美術士資格の取得支援制度をスタート。コーナー保育へのあるての導入。 |
| 2018（平成30）年度 | 保育者と臨床美術士によるオリジナルプログラムの開発がスタート。あるてコーナーを全園で実施。プログラム作成会議と実施会議に分けて定例会議を実施。 |
| 2019（令和元）年度 | より保育現場に合わせた形でのオリジナルプログラムの構築。保育者によるプログラム実施。 |
| 2020（令和2）年度 | 乳児向けプログラムの開発（先行園での実践をスタート）。研究会議とプログラム（開発）会議に分けて定例会議を実施。 |
| 2021（令和3）年度 | 乳児向けプログラムを全施設で導入。 |

出典：筆者作成

　臨床美術が得意とする、「五感で感じる」「自由に表現する」「（オイルパステルやアクリル絵の具など一般的な保育ではあまり使われない）様々な画材に触れる」「共感と応答／認め合い」といった特長。そこに、保育に落とし込む過程での気付きと改善が加えられていきます。もう少し身近なこのような材料に変えてはどうか、やりたい子どもが自由にいつでも楽しめるコーナーを設置してはどうか、幼児だけではもったいないので乳児向けのプログラムを保育士がつくるのはどうか等、目の前の子ども達の変化や興味を拾い上げて、プログラム内容にも生かしています。

　また、職員側に目を向けてみると、もともと保育補助として雇用した臨床美術士が子どもの発達に興味をもつことで保育士資格を取得したり、逆に保育士が臨床美術士の資格を取得したり、という相互作用も起きています。互いの専門性が融合していく部分と、それぞれの専門性の高さを保持していくことのバランスの取り方は難しい部分がありますが、うれしい化学反応により、職員の姿も変わるのです。そして、対話を重ねることで、プログラムや保育内容のブラッシュアップを図っています。

　このような保育士をはじめとする職員の変化が幸いしてか、子どもたちは「あるて」の活動が大好きなようです。もちろん子どもにも個性があるので苦手な意識をもつ子どももなかにはいますが、1つの作品で飽き足らず、「もっとつくりたい！」

と取り組む姿が見られたり、作品を見ながら自分なりのストーリーを語ったりする場面が増えたように思います。また、子どもどうしの関わりのなかでも、「〇〇ちゃんの作品のここが好き！」など意見を交わしている様子も見られます（写真③）。

　協働の取り組みを始めたころから共に歩んできた臨床美術士たちも、現在ではそれぞれ新たなステージで活躍の場を得た者もおり、必ずしもベストな答え（プログラム）として完成した訳ではありません。保育はもともと生き物のように常に変化していくものです。この先もたくさんの人や職種、それぞれがもつ価値観が交じり合い、園が成長していくことが必要だと考えています（図4-5）。

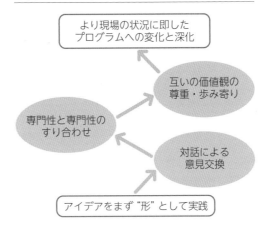

◆ 図表4-5　協働を通した変化のステップ

出典：筆者作成

写真③あるて「スイカ」をテーマにした制作活動と完成作品（2歳児）

### ②職員の「やりたい！」を尊重するために

　当園では、もともとモンテッソーリ教育の理念を土台とする保育を行っており、臨床美術における子どもへのアプローチとの親和性は高かった部分があります。「上手・下手で判断されることなく、自由に表現する楽しみを知ってほしい」という思いとしては、保育士も臨床美術士も同じ方向を向くことができました。しかし、異なる専門性という背景をもつ職員同士がチームワークを高めていく過程では、いろいろな課題も生じます。

　「保育所における自己評価ガイドライン（2020年改訂版）」では、次のように記されています。

> 様々な経験や専門性を有する人々とともに保育を振り返り、意見を交わすことによって、保育の改善・充実に向けた気づきや発想につながる新たな視点と知識・情報を得ることができます[1]。

異なる視点をもつ職員が集い、日常的に職種の枠をも超えた対話のある保育所となることが、日々の子どもの成長・発達をさらに豊かにしてくれるのではないでしょうか。

保育とは少し離れた話題になりますが、筆者は個人としてプロボノやママボノ[*1]というボランティア活動に参加した経験があります。職域や世代、有償・無償の違いなど、何らかの**越境経験**を得ることにより、自分の知っている世界は狭く、自分のあたりまえは他者のあたりまえとは限らないことを痛感しました。また逆に、自分ではたいしたことがないと思っていたスキルが、誰かの役に立ち、評価や賛辞を得る経験となることもありました。そのような気付きは、同じ職場・同じ職種・同じタイプだけの職員集団では得ることができません。

*1　プロボノ・ママボノとは、社会人のスキルを生かして社会課題に向き合う地域団体やNPOなどを支援するボランティア活動のことです。

しかし、現実に目を戻すと、職種をはじめ、経験や思い、得意分野の異なる職員がチームワークを築くことは容易ではありません。そこで法人全体で力を入れて取り組んでいるのが、専門性だけではなく人間性を高めるための様々な研修です。1つの方法だけで一発解決！とはいきませんが、職員同士が対等な立場で深いコミュニケーションを実現するために、人間力やストレス耐性を上げるための研修、コーチング面談、得意を伸ばせる選択研修など、多様な取り組みも行っています。管理職の役割として、個性を生かしあうチームをつくるためにも、職員の「やりたい！」を尊重したり、信頼関係のなかで、**まずは任せて見守る**、という姿勢が必要だと感じています。

### ③今までとは違う生き方・働き方を選ぶ時代

一人の保育士がどのようなキャリアプランをもって成長していくか、そして、その意志を実現するための選択肢をなるべく多く設けたいとの考えから、柔軟な働き方や人材採用の取り組みも広げています。今までの事例とその目的を挙げてみると、

- 保育士から事務職員への転向（保育もわかる事務職ならではの職員・保護者への寄り添い）
- 一般企業勤務経験者の採用（外部の視点を活用し自分たちの保育と組織の振り返り）
- 若手職員でも選択研修での講師を経験（人に伝えるアウトプットによる学びで好きな分野を深める）
- 第三者評価者資格の取得（他園の取り組みからの気付きと学び）
- 副業制度の開始（保育や子育てに関する幅広い分野で活躍することで本業にも還元）

など、それぞれの取り組みに一定の手応えを感じています。

　筆者自身も2回目の育休中に復職への不安が募るなか、社会課題に向き合うボランティア経験をしたことで、「ママがママになる過程を、形に関わらず応援していきたいんだ！」という自分なりのミッションがまとまりました。現在は、りとるぱんぷきんずグループで勤務するかたわら、休日を利用して「産後ドゥーラ」という産後ケア事業にも携わっています。待機児童問題の解消と止まらない少子化により、保育士であっても、今までとは違う生き方・働き方を選ぶ時代になることが考えられるのです。そして、意思をもって自分の人生やキャリアを選び取っていくことで、保育にもより深みが増していくのではないでしょうか。

## GOAL まとめ　効果と課題

　AI（人工知能）が台頭する時代になっても、保育士という職業はなくならないと言われています。しかし、少子化の流れや、テレワークの浸透、地方移住人気の流れを考えれば、保育所が淘汰される時代はもうはじまっています。保育所の数が減れば、必要な保育士をはじめとする職員の数も当然減っていきます。そのような環境のなか、**保育士自身が生きがいを感じられて、組織からも必要とされる人材となるためには、学び続けること・変化し続けることが重要**だと考えます。フルタイム勤務の保育士にとっては、仕事以外の活動を広げていくというのはなかなか勇気とエネルギーが要ることです。その点、職場のなかに多職種が集っていれば、職場内でもある種の越境経験が可能になります。保育士一人一人の経験や価値観が広がり、人間性に深みと奥行が加わります。より良い保育士に育っていくために、**多職種協働**は実に大きな意味をもつのだと感じています。

　私たちの園での多職種協働については、今回ご紹介した芸術保育「あるて」だけではなく、他にも職種を超えた連携を図る取り組みを行っています。イングリッシュスタッフを直接雇用し、毎日の生活を通してたくさんの文化を感じられる環境づくりをしたり、看護師×栄養士のタッグで子どもたちに身体の仕組みを伝える機会、保育士×栄養士によるクッキング保育など、「コラボ活動」とも呼べるような保育も行っています。うまくいくことばかりではなく、もちろん失敗や反省もありますが、チャレンジすることにより、園内に新たな風が吹き込むこともたしかです。

　社会は、いろいろな職業で成り立っています。保育士自身が個性を生かしたり、興味のある分野を伸ばしたりすることで、組織からも必要とされる人材になっていくでしょう。また、個人レベルだけでなく、組織のあり方も大きく変化しています。トップダウン式のチームワークではなく、誰しもがリーダーシップを発揮しながら課題に向き合おうとする組織的な取り組みが、これからの保育現場には求められているのではないでしょうか。

　主体的に学ぶ大人の姿や、対話を重ねる大人の姿を見て、きっと子どもたちも主体的な学びを感じ取るはずです。保育現場という環境に、いろいろな立場や役割、年代の大人が集うことで、子どもたちの吸収できるものが広がっていきます。どの

4-4 多職種協働による保育の視点から

ような保育の舞台を用意するか、どのような人とチームを組んでその舞台をつくり上げていくか。保育の輪が社会に向けてますます開かれていくことを、とても楽しみに感じています。

## Work 1　悩み相談　どうしたら職種を超えて協力できる？

（所要時間20分）

食育の取り組みを広げるために、保育士と給食調理スタッフの連携を図りたいのですが、お互いに忙しく、どうしても自分たちの主張だけ伝えて終わってしまいます。職種を超えて具体的な活動を提案し合えるようになるには、どうしたらいいでしょうか？（管理職）

**ステップ①** あなたの考えやアイデアを書き出してみましょう。

........................................................................
........................................................................
........................................................................

**ステップ②** 考えたことやアイデアをもとにみんなで話し合ってみましょう。

........................................................................
........................................................................
........................................................................

**ヒント**

　肯定的な意見交換ができる話し合いの場をつくるために、食を通じたそもそもの保育の目的を明確にすることや、打合せ自体のグランドルールを定めておくことも有効です。お互いの職種について、「こんな点が助かっている」「こんな点に専門性を感じて感謝している」という感謝の伝え合いも、話し合いを盛り上げるのに一役買ってくれるのでおすすめです。

## Work 2　社会に広く目を向けてみよう

（所要時間30分）

**ステップ①** 最近気になったニュースは何ですか？

........................................................................
........................................................................

**ステップ②** そのニュースに関係する職業は何ですか？１つだけではなく複数でも構いません。

........................................................................
........................................................................
........................................................................

▶▶▶ ステップ③ その職業に就いている方に保育園に来てもらう、または、職業の内容や社会的な役割について子どもたちに伝える（または一緒に調べて考える）としたら、どのような保育活動が考えられるでしょうか？

.........................................................................................................................

.........................................................................................................................

.........................................................................................................................

.........................................................................................................................

.........................................................................................................................

 **ヒント**　子どもや保育以外のニュースに目を向けてみると、新たな発想力を高める練習になります。グループで意見を出し合うと、新たな視野が手に入るだけでなく、相手に対する理解も深まります。職種の違う組み合わせでグループワークをしてもよいでしょう。

4 - 4

多職種協働による保育の視点から

**キャリアアップ・レビュー** 👉 学びに役立つおすすめ書籍

### 『LIFE SHIFT（ライフ・シフト）』

リンダ・グラットン、アンドリュー・スコット著（池村千秋訳）　東洋経済新報社　2016年

　豊かな人生を選び取るということ、そのための「無形資産」の重要性など、仕事への向き合い方を考えるきっかけとなります。しなやかな視野の広がりは、保育にもきっと変化を起こすはず。子どもたちがこれから生きる社会を、どう捉えていきますか？

### 『ぼくを探しに』

シェル・シルヴァスタイン作・絵（倉橋由美子訳）　講談社　1979年

　足りないかけら、それはほんとに「足りない」ものなのでしょうか？　長い道のりでいろんなものに出会いながら、自分にたどり着く物語です。相手の個性を大切にしよう、という気持ちを、大人にも子どもにも与えてくれるかもしれません。

**引用文献**

1) 厚生労働省「保育所における自己評価ガイドライン（2020改訂版）」2020年　p.7

**参考文献**

● 科学研究費助成事業　課題番号：15K01773基盤研究 (C)「多職種協働による芸術保育を主軸とした日常保育実践モデルの開発」報告書
● 厚生労働省「保育所における自己評価ガイドライン　ハンドブック」2020年
● 藤澤理恵・香川秀太「仕事とボランティアを越境するプロボノの学び──贈与と交歓を志向する情動的ジョブ・クラフティング」『経営行動科学』第32巻第1・2号　2020年　pp.29-46

# 園を開く、保育を開く
## ―関係者評価・第三者評価―

### はじめに　外からの声を生かすために

　保育所等における「**評価**」をめぐっては、「保育所等における保育の質確保・向上に関する検討会」の「議論のとりまとめ」に以下のように示されています。「自己評価への関係者の関与や第三者評価、外部研修、公開保育等を通じて、園内外の多様な立場からの視点も取り入れ、多面的な検討を行うことが、評価の妥当性・信頼性を高めるとともに、子どもや保育についての深い省察や理解へとつながる」[1]。

　「保育所における自己評価ガイドライン（2020年改訂版）」においても、自己評価以外の評価として「保育所の職員以外の人が関与・参画して多様な視点から保育内容等を捉える取組として、公開保育や研修における指導・助言・意見交換等の場を活用する」ことと記されています[2]。しかし、園にとって保育者にとって、とりわけ上述の「**公開保育**」という他者からの評価については、まだまだハードルが高い取り組みとなっているのではないでしょうか。

　本節では、京都府舞鶴市（以下、本市）の公開保育までの取り組みや方法を紹介しながら、地域に園を開き、関係者等からの評価をどのように活用していくのかという視点でお伝えします。

＊1　「舞鶴市教育振興大綱」において「0歳から15歳までの切れ目のない一貫した教育の充実」を基本理念としています。0歳から就学前までの乳幼児期においては、その育ちや学びの特性を踏まえ、乳幼児に関わるすべての人、専門職や関係機関、家庭・地域等が育てたい姿や大切にしたいことを共通認識していけるよう「舞鶴市乳幼児教育ビジョン」（2015年度、2018年度改訂）を策定しています。

### 1　舞鶴市乳幼児教育センターの事例より

　本市では、乳幼児教育（保育・教育の総称を「乳幼児教育」としています）の質の向上を目指し、その手法の1つとして公開保育に取り組んできました。保育施設と行政が地域のなかで、**公私・施設種を越えて共に学び合う文化**をつくってきました。その効果として、公開園が保育を振り返り、環境を見直したり、保育者間で子どものことや保育を語り合ったりすることが増えたといったことが挙げられます。また、公開保育に向けて話し合うなかで、指針・要領等、園の方針（市が目指す乳幼児教育ビジョン＊1も含めて）や子ども理解などが保育者間で共有されるようになりました。

## 2　公開保育前　－共有と学び－

公開保育までに園長、主任、保育者間で、園内研修等を通じてどのような保育を目指しているのか、何を見直すのかを共通理解しておくことが大切です。

### ①公開保育の研究テーマ、視点

保育者には、以下のような視点で保育を振り返る機会をつくります。

- ●自園 (担当クラス) の良いところ、課題と感じるところ、悩んでいること
- ●どんな保育がしたいか
- ●どんな子どもに育ってほしいか
- ●何を学びたいか

まずは、園長、主任等がその内容を踏まえて、下記 (例) のように研究テーマとして公開保育 (今後) に向けて何をどのように取り組んでいくのかを検討します。公開にあたっては、参加者にどのような視点で参観し、評価してもらうのかも明確にしていくことも重要です。研究テーマや視点が定まらないまま公開しても、具体的に何に取り組んだのか、何を見てほしかったのか、など、公開する側と参加する側の意識にズレが生じてしまい、効果的な公開になりにくくなります。

**公開保育研究テーマ (例)**

　子どもの主体性を育むことを目指し、子どもの興味・関心を起点とした環境を整え、繰り返し遊ぶなかで、さらに好奇心が芽生え、試行錯誤したり、探求したりすることで遊びと遊びがつながり、広がり、深まることを大切にしています。保育者は、愛着、信頼関係を育むため、子どもの思いや言葉等に共感し、応答的に関わることを心がけています。また、子どもの好奇心や試行錯誤を引き出す関わり、子どもと子どもをつなぐ言葉がけなどを意識し、関わっています。

### ②園内研修

本市の場合、乳幼児教育センターの乳幼児教育コーディネーターが、下記 (例) のように公開保育に向けて園内研修の講師をしたり、保育や環境等へのアドバイスをしたりして、サポートを行っています。公開保育当日だけでなく、日常的にも第

**園内研修の内容 (例)**
- ●「乳幼児教育」の概論について (指針・要領、市の「乳幼児教育ビジョン」、園の教育・保育方針より)
- ●保育の環境について (保育を参観してアドバイス)
- ●記録 (ドキュメンテーション) の書き方、事例検討のための視点や問いの設定について
- ●公開保育指導案の書き方について

三者である乳幼児教育コーディネーターが園を訪問し、その準備にかかるプロセスを共有することで、さらに効果的に取り組むことができます。

　こうした園内において保育者同士で学ぶ機会と、日常的に保育を共有するために語り合う機会が増えることで、保育は変化していきます。

## ③ 公開保育当日　−評価−

### ①保育を開く：保育参観

　公開保育には、地域の他園の保育者や小中学校の教員など、地域の関係者が参加することで園の保育の理解を深めることにもつながります。また、公開園の保育者は、当日までに指導案（公開の部分のみ）を作成し、日常的な保育の営みをより詳細に、より丁寧に言語化し、可視化します。そのこと自体が、保育者にとって保育をより深く考えることとなり、子どもを丁寧に見ることにもつながります。

　参観者は、下記（例）のように指導案の子どもの姿やねらい、予想される子どもの姿、環境構成、保育者の援助、評価の観点等を見ながら保育を参観します。また、園が示している視点に基づいて、保育の場面を記録していきます。

---

**公開保育の視点 (例)**

**子ども**
- 安心して自己発揮する姿
- 試行錯誤し、探求する姿
- 子ども同士で協同して遊ぶ姿

**環境**
- 子どもの興味・関心を起点とした環境

**保育者**
- 子どもの好奇心や試行錯誤を引き出す関わりや子どもと子どもをつなぐ言葉がけ
- 共感や応答的な関わり

---

### ②保育を語る：グループワーク

　公開後には、参観者と公開園の保育者が保育について語り合うグループワークを行います。グループは、視点に基づいて分けたり、クラス（学年）ごとに分けたりすると話しやすいでしょう。グループワークでは、参観者が記録した保育の場面を共有しながら、「良かったと感じたこと」と「私だったらこうする」という視点で意見交換をしていきます。

　ここで、注意が必要なことは、「良かった」「優れている」というだけの評価にならない、自己満足に終わらないことです。また、単に否定的な内容や批判だけにならないようにすることも重要です。このように、グループワークをより良い方向へと導いていく上での**ファシリテーター**としての役割も重要です。本市の場合は、乳

幼児教育コーディネーター等がその役割を担っています。ファシリテーターは、以下のことを大事にしています[3]。

- みんなが発言できる少人数（5〜6人）をベースにしたグループづくり
- 話しやすい、聞きやすい雰囲気づくり
- 相手の話を聴く（傾聴）姿勢を示す
- 受け止める、共感する姿勢を示す
（※視点からずれないように気を付ける）

　グループワークで意見交換した内容は、全体協議の場でも共有します。その際は、グループの参加者の代表が発表するとよいでしょう。それも、内容をまとめて、相手にわかりやすく伝えるとういうスキルを身につける機会になります。

### ③評価と課題：カンファレンス

　自己満足や単なる批判だけにならないためには、カンファレンスにおける学識経験者等の指導・助言は、公開園にとっても参観者にとってもたいへん重要です。自園の良さや強みを確認できる評価と、さらに課題や目指すべき方向が明確になることにより、公開保育後の取り組みも変わってきます。園長や主任等は、グループワークやカンファレンスで得た評価や課題を保育者個人のものとせず、園全体として捉えていく必要があります。

## ④ 公開保育後　－評価と課題を生かす園長のマネジメント－

　公開保育で得た評価や課題をその後どのように生かすかは、園長のリーダーシップとマネジメント次第です。公開保育は、その日だけの保育になりがちです。ある意味、ゴールと捉えられ、公開までに見直したことや学んだことが途切れてしまいがちになります。しかし、保育は日々続いています。公開保育を通過点と捉えると、保育はつながり、そこで終わることはありません。その先に、乳幼児教育の質の向上がつながっていくのではないでしょうか。

　そのために、園長や主任等、管理職は、保育者のそれぞれの良さや強みを生かしながら、課題の解決に向けて一緒に取り組んでいくことが必要です。他園の公開保育や園外研修に参加したり、園内研修等を継続したりして、学ぶ機会をもつことも求められています[4]。

　本市では、公開園が公開保育後の振り返りをしたり、年度末に地域の園が参集して行われる報告会で公開保育の実践報告を行ったりして、継続的に学べるように取り組んでいます。

　また、公開保育から数年経っても、日々の保育や環境だけでなく、行事や保護者への発信等の方法も見直し、継続して取り組んでいる園もあります。そのような園は、園長自らが積極的に学び、保護者への説明や発信も行っています。公開保育を通過点やきっかけとして捉え、園長が保育者の主体性を尊重しながら、保育をつな

げ、保育者と共に保育をつくっていくことが地域のすべての園の乳幼児教育の質の向上につながっていくと言えます。

2022（令和4）年現在、コロナ渦において、参集することが難しく公開保育は実施しにくい状況もあります。しかし、近年、園のICT化が進み、動画の活用やオンライン配信など研修方法も変化してきています。本市では、オンラインで保育を配信（公開）し、グループワークやカンファレンスをするなど新たな方法で実施しています。参観者は、配信映像を通して子どもの姿や保育者の関わりなどの場面を見ます。同じ場面を見ているので、グループワークやカンファレンスでも共有しやすく、内容も理解しやすいといったメリットがあります。一方で、子どもの表情や思い、匂い、音などその場の雰囲気が伝わりにくかったり、映像や音声が途切れてしまうなどのトラブルがあったりするデメリットもあります。

他方、園内では、保育を互いに見合うことは難しいので、撮影した保育動画を見ながら語り合うことにも活用できます。その際は、ごっこ遊びや話し合いなどの場面や、朝の遊びの時間帯などに限定すると、焦点化されて分かりやすく、短時間で行うことも可能になります。このように、ICT化により、地域における保育の新しい発信方法や園の開き方の可能性も見えてきたように思います。

最後に、それぞれの園や地域に合った方法で、園を開き、保育を開いていくためには、「地域において様々な現場の保育・幼児教育関係者が互いに情報を共有したり学び合ったりすることを支えるネットワークの構築」5)が必要です。「各地域において、こうしたネットワークづくりとともに、評価や研修等への保育士等の主体的な参画や各現場における効果的な園内研修・公開保育等の実施の支援を担う人材の育成・配置を進めていくことが重要」6)と言えます。地域のネットワークづくりとサポートする人材を育成していくことが急務とだと思います。

**Work 1** 悩み相談 **どうしたら遊びが続くかな？**

(所要時間30分)

> 遊びが続かず、興味をもってもすぐに終わってしまいます。遊びがつながっていくにはどうすればいいですか？

公開保育前の保育者へのアンケートや聞き取りで見えてきた課題や悩み、公開保育の課題に対して、どのような視点で解決に向けて取り組んでいくとよいか、みなさんで考えてみましょう。

**ステップ①** 少人数のグループで以下の視点で話し合ってみましょう。

●子どもの理解を深めていくための視点

・年齢発達は？

・子どもが興味・関心をもっているか？

---

---

 **ヒント**

◆子どもの姿をよく見ましょう

　個人差もありますが、年齢によっては、1つの遊びの持続時間は短くても仕方ないかもしれません。遊びがすぐに終わったとしても、遊びには興味や関心があるとも考えられます。また、子どもが本当に興味をもっている遊びなのか、その遊びしかないからなのか、子どもの姿をよく見ることが大切です。

●環境を豊かにしていくための視点

・1日の流れと時間は？

・クラスの空間、配置は？

---

---

 **ヒント**

◆いつでもどこでも遊べる環境をつくりましょう

　登園してすぐにお片付けになってしまうなど、満足するまで遊べる時間がなかったり、遊びが途切れるような流れになっていたりしていませんか。子どもが主体的に遊べる時間を中心に見直しましょう。

　乳児は、他の遊びが見えたり、気になったりすると集中できないので、自分の好きな遊びを一人でじっくりと遊べる空間をつくるとよいでしょう。幼児は、友達がしている遊びが見えると相互作用が生まれるので、他の遊びが見えるような空間の使い方、みんなで囲める机や使える道具などを置くとよいでしょう。遊びが途切れないようにいつでも続きができる環境や、さらに環境を再構成することも大切です。

●保育者の関わりを意味あるものにしていくための視点

・遊びのなかでの保育者の役割は？

---

---

 **ヒント**

◆遊びと遊び、子どもと子どもをつなぎましょう

　保育者は、モデルとなって一緒に遊び、共感し、応答的に関わることを心がけます。子どもと一緒に遊びをつくっていく役割もあります。また、遊びをつなぎ、共有するためには、会話や振り返り（集まって、子どもが遊びや思いを話す場）が重要です。興味のある遊びはそれぞれなので、子どもが発見したことや楽しかったことなどをクラス全体で共有することで友達同士をつなげ、遊びをつなげていくことができます。

# Work 2　悩み相談　園全体で課題に取り組みたい！

（所要時間30分）

> 保育者の言葉がけや関わりについて見直し、園全体で共有するにはどのように取り組むとよいでしょうか？

**ステップ①** まずは保育者の言葉を集めて書き出してみよう。

自分以外の保育者の言葉がけ、関わりで「良いと感じた言葉がけ、関わり」を書き出してみましょう。

......................................................................................................................................

......................................................................................................................................

......................................................................................................................................

......................................................................................................................................

......................................................................................................................................

**ステップ②** みんなで話し合ってみよう。

上記で書いた「良いと感じた言葉がけ、関わり」について話し合い、共有しましょう。

......................................................................................................................................

......................................................................................................................................

......................................................................................................................................

......................................................................................................................................

......................................................................................................................................

**ステップ③** 共有した言葉がけや関わりを実践してみましょう。

......................................................................................................................................

......................................................................................................................................

......................................................................................................................................

......................................................................................................................................

......................................................................................................................................

**ヒント**

　保育者の表情、身振り、行動、言葉…、そのすべてが子どもへの関わりとも言えます。保育者自身が無意識にしている行動や言葉がけを意識的に、肯定的な言葉や共感、応答的な関わりへと変化させていきましょう。記録することで自身の言葉がけや関わりを意識し、見直すことにつながります。また、共有することで言葉がけや関わりの幅が広がり、意識して関わるようにもなります。様々な場面（食事、話し合い、ごっこ遊び、友達との仲立ちなど）での言葉がけや関わりを収集し、園全体で共有することで、一貫した関わりにつながります。

　この他にも、場面を決めて動画を撮り、自身の言葉がけや関わりを客観的に見ることで気付くこともありますので、有効に活用していきましょう。

**キャリアアップ・レビュー**  学びに役立つおすすめ書籍

### 『新・保育環境評価スケール①　3歳以上』

テルマ ハームス、リチャード M.クリフォード、デビィ クレア著（埋橋玲子訳）　法律文化社　2016年

　アメリカで開発された保育の質を総合的に評価するためのスケール ECERS の第3版（ECERS-3）です。スケールを使って評価するというよりも、公開保育等で視点や観点をもって保育を見るという際には、参考になります。園内で本書を使って学び合うだけでも、保育を振り返り、見直すことにつながります。同シリーズに『新・保育環境評価スケール②　0・1・2歳』もあります。

### 『0・1歳児編　触れて感じて人とかかわる　思いをつなぐ保育の環境構成』

宮里暁美編著　文京区立お茶の水女子大学こども園著　中央法規出版　2020年

　具体的な環境やその意味を写真や文章で丁寧に解説がしてあるので、とても、わかりやすい著書です。保育や環境を見直していく第1歩に読みたい、真似したい内容です。同シリーズの『2・3歳児編　遊んで感じて自分らしく』、『4・5歳編　遊びを広げて学びに変える』もぜひ、参考にしてください。

### 引用文献

1) 厚生労働省「議論のとりまとめ　〜保育所等における保育の質の確保・向上に関する検討会」2020年
　p.18
2) 厚生労働省「保育所における自己評価ガイドライン（2020年改訂版）」2020年　p.7
3) 堀公俊『ファシリテーション入門<第2版>』日本経済新聞出版　2018年
4) 厚生労働省「保育所保育指針解説」2018年　p.367
5) 前掲1　p.18
6) 前掲1　p.18

4
-
5

園を開く、保育を開く―関係者評価・第三者評価―

# 第6節 行政との連携 —研修講師養成に向けた視点から—

## はじめに 地域における保育専門職への期待

各地には、経験豊かで専門性の高い保育者がおられます。また、地域ごとに様々な背景や実情があります。よって、地域における保育専門職こそが、自らの園内研修のみならず、地域での公開保育の実施や、キャリアアップ研修等の講師をつとめ、地域の保育界の発展を図る主体となることを意識してほしいと思います。

本節では、地域において保育の質の維持・向上を図る上で、管理職やリーダーにあたる保育者が地域の行政といかに連携協働をはかることが可能か、について考えたいと思います。

## 1 地域は人材の宝庫 —新しいキャリア形成イメージへ—

### ①次世代の保育者を育てるより高度な保育専門職

保育は実践の科学であると考えられます。一人として同じ子どもはおらず、一つとして同じクラスはなく、一つとして同じ園はありません。よって、保育者は常に考えながら、その時々に判断をくだし、実践を行っています。その判断の根拠となるものは、保育に特化した知識と技術に加えてそれらを使いこなす応用力・発展力、さらにはその都度その都度、考えて下す判断力であり、これらは実践経験を省察的に積み上げてきたキャリアにより、長い期間をかけて形成されていくものです。

多くの組織において、蓄積型の人材育成のあり方が検討され、整備されてきました。筆者も、社会福祉法人全国社会福祉協議会 全国保育士会の「保育士等のキャリアアップ検討特別委員会」に関わる機会があり、報告書「保育士・保育教諭が誇りとやりがいをもって働き続けられる、新たなキャリアアップの道筋について」(社会福祉法人全国社会福祉協議会 全国保育士会、2017)[1]の作成に関わりました。他にも、全日本私立幼稚園幼児教育研究機構の研修俯瞰図[2]や「公開保育を活用した幼児教育の質向上システム(ECEQ®)[3]」(113ページ参照)や、一般社団法人保育教諭養成課程研究会の一連の研修に関わる報告書等[4]が現されています。

筆者はこれまで、保育者のキャリア形成イメージとして、子どもたちの次世代育成に携わる専門職としてのキャリア形成に加えて、同僚である次世代の保育者の養成や研修に寄与するより高度な保育専門職の資格化を考えてきました。その背景に

は、医師・看護師等の対人専門職の養成や研修に携わる養成者や研究者が有資格者であること、国外に目を向けると筆者が出会った多くの保育学研究者が、保育者の資格と実務者としての経験を有していることが挙げられます。筆者自身は、実践現場での保育経験がありません。それが自分の大きな不足部分で欠点であるとも日々痛感しています。資格取得については、わずか1か月の幼稚園での実習経験ではあります。子どもたちの前に立ち、自らの人間性が問われる経験は、かけがえのない経験となったという実感があります。子どもたちは、最も厳しい評価者であることを知り、またその一人一人の個性に接し、かけがえのない存在であることを知ることができた機会は、自分の財産となっています。

### ②「三つの資格化」の提案

　多くの子どもたちの次世代育成の経験を積み重ね、常に省察を繰り返し、その力量の形成を図り続けてきたキャリア豊かな保育者が、地域にたくさん存在します。地域は人材の宝庫であり、その人材を地域の保育者の研修や養成の質の維持・向上に生かすことが可能であると考えます。筆者はかねてより、以下に示す三つの資格化を提案してきました。

　三つの資格のうちの一つめは、**園内での研修コーディネーター資格であり、保育者の力量形成を図る園内研修の企画を行う高度専門職**です。園内研修や園内公開保育等のコーディネーターとしての機能を果たし、保育実践の質の維持・向上に寄与する資格です。二つめは、**各園での実習教育に携わる現場での養成教育専門職**です。三つめは、園内を超えて、**地域のキャリアアップ研修の講師や、それに含まれる場合も想定される地域の公開保育のコーディネーター等の高度専門職**です。

　これらの三つの資格については、可能であれば公定価格化を図るべき、つまりインセンティブをしっかりとつけていくことが必要性だとの提案をしてきました。公定価格化へのハードルは高いとしても、地域の行政と連携し、行政の事業として位置付けたり、首長等の認証を受けてその価値づけたりすることは、各地で実施することが可能であると考えます。実際そのような試みを筆者らはすでに実現しています。つまり、各地には素晴らしい園長や主任の先生がおられます。その人材の宝庫である各地域での、新しいキャリア形成のイメージを提案するものです。以下、特に三つめの資格、つまり、研修講師養成について、そのねらいと具体例を紹介します。

### ❷ 知っていること、できることと、それを伝えること　—講師養成のねらいと具体例—

#### ①行政と共に地域の保育の質の向上を図る

　素晴らしい実践者が、必ずしも素晴らしい次世代の保育者養成者や保育者対象の研修会の講師であるとは限りません。それは、自らが「知っていること、できること」と、それらを「伝えること」の間に乖離があるからです。しかし、その乖離は、トレーニングにより伝える技術を身に付けたり、経験を省察的に蓄積して伝え方に

ついての力量を向上させることにより、改善を図ることが可能です。

　研修講師の養成のねらいは、行政と連携を図りつつ、公的にかつ専門的に地域の保育の質の維持・向上を図ることです。研修講師の養成は、実践経験豊かでかつ現場の実情をよく知っている保育専門職が、さらには、自園のみならず、地域の保育の実践の質の維持・向上を図るために、ヤングキャリアの保育者の研修に携わることを目的としています。行政と連携することにより、力量ある保育者が地域において保育人材育成の機能を果たすことが、より理解され、認められることも期待されます。

　地域の保育の質の維持・向上は行政が図るものといった考えではなく、行政と共に保育実践者自らが、保育の質の維持・向上の当事者として参画する姿勢が問われると考えます。つまり、研修講師の養成の意図は、保育者自らが、保育の質の維持・向上を図る主体として機能することもねらいとしています。

　研修講師の養成にあたっては、個々が実践者としての豊かな経験を有するからこそ、個別性が現れやすくなります。それゆえに、再度、指針・要領等の内容を再度確認し、それから逸脱しないことの確認が必要となります。特に、中立性や公平性については、経験知は素晴らしい部分がある反面、多様性に欠けたり、俯瞰して見る視点をもちにくかったりする場合があります。研修講師の養成にあたっては、特に、中立性や公平性についての意識を醸成することが望まれます。具体的には、①ある特定の商業性に系統しないこと（商品紹介等）、②ある特定のメソッドの紹介・唱道とならないこと、③到達度や結果を前提とした保育に偏らないこと、等が挙げられます。

### ②指針・要領等の内容や科学的根拠をもとに伝えられるように

　研修講師養成の内容例としては、研修講師の講じる内容についての理解の深化を図ることがまず前提となると考えます。たとえば、キャリアアップ研修の内容「乳児保育」について、講師を務める場合、まず、専門用語や内容の確認が不可欠であり、それぞれを自分の言葉で説明できることが望まれます。そのためには、発行されている各種テキストを読み比べたり、他者による研修内容を学んだり等して、同一内容を伝える上での、複数の手段を学び、修得することが期待されます。つまり、講師にあたっては、聞き手が多様であることを踏まえ、一つのことを伝える方法を多数身に付けることが有効であると考えます。

　研修講師の養成の内容例としては、次に、**ファシリテーション**の力量形成が不可欠であると考えます。ファシリテーションとは、対象がその目標を達成できるように、援助することです。つまり、研修講師に必要な力量とは、受講者個々人の学

び、理解、力量の維持・向上を受講者自身が図る上での支援を行うことです。ここでは、受講者の主体性や自立性が重要です。それゆえに、研修講師養成のファシリテーターとしての力量形成にあたって、いくつか留意しておくべきことがあると考えます。

　まず、第一に、**個々人の尊重**が挙げられます。受講者全員を等しく尊重し、多様性（それぞれの背景、考え方、学び方、実際の発言）を認め、決して良し悪しを判定（ジャッジ）したりしない姿勢が望まれます。学び手の内発的動機付けを大切にし、自ら学ぶこと、自らが理解し納得することが大切です。次に、自らの発言については、私見ではなく、**指針・要領等を根拠とすること**、また学問的な知見等の**具体的な科学的根拠を示すこと**が望まれます。多くの研修場面で講師はファシリテーターとして、受講生の思考と対話を促し、問いかけを工夫することが期待されます。問いかけの工夫には、自由に考えをめぐらしたり、課題や問題を自覚したり、選択肢を提示したり、思い出したり整理したりできるような問いかけがあると考えます。

　これらを踏まえて、実際の講師養成にあたっては、模擬講義や、模擬演習を行い、伝える側と伝えられる側の両方を経験しながら、力量の向上を図っていくことが望まれます。

## GOAL まとめ　効果と課題

　以上のような意図や内容により、行政との連携のもと、研修講師を地域の高度な保育専門職のキャリアの一つとして位置付けていくことは、地域の人材をより有意義に活用することとなると考えます。行政との連携により、地域で高度専門資格が認証されていけば、地域の保育者が自分のキャリア形成への見通しをもてるようになります。そして、保育の仕事への自負へとつながるとも思います。地域の実情に熟知し、地域の人間関係のなかにあり、地域の発展に寄与しようとする、当事者意識は、地域の保育の質の維持・向上を図る上で、大きな鍵となると考えます。なぜならばそこには、行政や他者依存ではなく、当事者性に基づく主体性があり、それゆえの責任感そしてそれに伴う達成感が得られるからです。

　実際、一部の地域では、地域の現職保育者研修を外注し、画一化したものとなっていたり、実際の研修が形骸化したりといった課題も見られます。地域の行政と実践現場が連携を図り、共に主体性を発揮し、互いが恩恵を被ること、つまり、**共主体・互恵性に基づくローカル・ガバナンス**をすすめる必要があると考えます。その一つの事例として、行政との連携による研修講師養成が期待されます。

147

## Work 1 ｜悩み相談｜ 講師を頼まれたけど、なにを話せばいい？ （所要時間20分）

> 地域の研修会の講師や話題提供を依頼されました。経験不足で、自分で務まるか、とても緊張します。様々な背景がある複数の他園の保育者に伝わるように話をするために、気を付けるべきことについて、知りたいです。（園長）

▶▶ ステップ① あなたの考えやアイデアを書き出してみましょう。

......................................................................................................................

......................................................................................................................

......................................................................................................................

▶▶ ステップ② 考えたことやアイデアをもとにみんなで話し合ってみましょう。

......................................................................................................................

......................................................................................................................

......................................................................................................................

**ヒント**

　地域にとって、先生が講師等を務めることは、たいへん有意義なことであると思います。個人にとってではなく、地域にとって、どのような機能を果たし得るか、果たしたいかを考えてみましょう。地域の保育の質の維持・向上に役立つ自分の肯定的なイメージをもって、自尊感情を高め、まずは一歩踏み出す勇気につなげてほしいと思います。
　実施にあたっては、ファシリテーションの前提について、再度確認してみましょう。指針・要領等を遵守すること、公平性や中立性についても確認しましょう。自分の経験談が一般化できるかについても再考してみましょう。親しい人に、自分の話についての率直な感想を収集してみましょう。

## Work 2 地域の情報を集めてみよう （所要時間20分）

▶▶ ステップ① 保育者養成の研修に関わる地域の行政の事業や、予算等、実態について、情報を収集してみましょう。

......................................................................................................................

......................................................................................................................

......................................................................................................................

▶▶ ステップ② 可能であれば、公私・施設種を超えて全体像の把握を試みてみましょう。

......................................................................................................................

......................................................................................................................

......................................................................................................................

**ステップ③** さらには、連携の可能性や、一体化の可能性、改善の余地や、提案等についても検討してみましょう。

**ヒント**

　一例を挙げると、兵庫県では、2019（平成31）年度より「幼児教育連携推進事業」がスタートしています。この事業は、教育委員会が中心となり、保育に関わる他のすべての部局と、さらには、保育関連専門組織それぞれとの、連携協働で進められています。公私・施設種を超えて、保育所、幼稚園、認定こども園が一体となり、小学校やそれ以降の教育機関、家庭との連携を図り、幼児教育のさらなる質の充実を図ることがその目標とされています。その成果の一つに、県内のすべての幼児の家庭に配布された、保護者向けの「すくすくひょうごっ子（幼児教育資料、親子ノート）」があります（下記URL参照）。
https://www.hyogo-c.ed.jp/~gimu-bo/08sukusuku/sukusuku.html

**キャリアアップ・レビュー** 学びに役立つおすすめ書籍

## 『地域発・実践現場から考えるこれからの保育——質の維持・向上を目指して』

北野幸子著　わかば社　2021年

　保育の実践はライブで展開し、個別性、偶発性が多く絶対的で確定的な答えはありません。だからこそ、保育の質を考える時、実践を省察することや、様々な実践事例を分析し、自らの判断において活用できる引き出しを増やしていくことが大切です。本書では、そのような思いを共有する様々な地域、組織の方々との共同研究の成果を紹介しています。地域発の保育現場での実践や研究を紹介することで、みなさんの園や地域で保育の維持・向上へのさらなる取り組みへとつながることを願っています。

**引用文献**

1) 社会福祉法人全国社会福祉協議会 全国保育士会「保育士・保育教諭が誇りとやりがいを持って働き続けられる、新たなキャリアアップの道筋について　保育士等のキャリアアップ検討特別委員会 報告書」2017年
https://www.z-hoikushikai.com/download.php?new_arrival_document_id=59
2) 一般財団法人全日本私立幼稚園幼児教育研究機構「保育者としての資質向上研修俯瞰図」
https：//youchien.com/research/training/
3) 公益財団法人全日本私立幼稚園幼児教育研究機構「公開保育を活用した幼児教育の質向上システム（ECEQ®）」
https：//youchien.com/research/eceq/
4) 一般社団法人保育教諭養成課程研究会「研究会の活動」
http：//www.youseikatei.com/5.html

## はじめに　保育は人なり

　人材なくして保育現場は成り立ちませんし、人材を育てることなくして保育の質を向上させることもできません。まさに、「**保育は人なり**」と言えます。その人材を"人財"と捉えて、共に試行錯誤して磨き合うことは、管理職の責務です。見ざる・言わざる・聞かざるで現場を放任していると、職員の「ここにいて誰かの役に立っていることを知りたい気持ち」という健全な承認欲求が満たされることなく、また、「ここで働いてさらに役立ちたい気持ち」という帰属意識も薄れていきます。今は意欲のある職員も、やがては燃え尽き症候群に陥ったり、離職につながったりすることになりかねません。そのような事態に陥らないためにも、職員のモチベーションを保ち、やりがいを感じられるようにする組織運営の工夫が必要となります。

## 1　人材を3つの面から理解する

　人材を理解し、成長を促すための評価方法として、3つの鏡による評価があります（図表4-6）。3つの鏡による評価では、①自分自身の枠組みや視点を自覚するために自己を省察し（自己評価）、②関係のなかで理解を深めるために職員相互の話し合い等を通じて（他者評価、チーム評価）、③多面的な点から自己と組織全体に関する認識を深める（人事考課）ことで、人材をともに理解します。

◆図表4-6　3つの鏡による評価

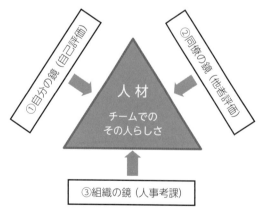

①自分の鏡（自己評価）：
　自分の考え方の枠組みや視点を
　自覚するために省察する。

②同僚の鏡（他者評価/チーム評価）：
　話し合いを通じて職員の相互理解を深める。

③組織の鏡（人事考課）：
　多面的な観点から自己と組織全体に関する
　認識を高める。

出典：筆者作成

150

なぜ、こうした評価が必要かと言うと、変化の多い現代社会でキャリアを築いていくには、状況に応じて柔軟に対応していくことが必要となるからです。そのためには、組織目標のもとに、職員自身が認識するキャリアにおいて「客観的な側面」（仕事を通して経験する役割や職務）と「主観的な側面」（それをどのように考え意味づけているか）の両面で捉えていくことが求められます（ダグラス・ホール）。このことは、どんなにすぐれた人材であっても、第三者から得る気付きや評価がなければいずれは伸び悩んでしまうことを示しています。

管理職自らが現場に降りていき、職員の意見を踏まえて、肯定的なフィードバックをする機会を意図的に設けていきたいものです。とはいえ、管理職は日々の会議や書類仕事、労務管理など裏方での管理業務が山のようにあるため、職員たちにつきっきりで指導だけをしていくわけにはいきません。そこで、自主性や同僚性にゆだねるだけでなく、管理職を含めてお互いに育ちあうための仕組みを設けて組織づくりを行うことが重要です。職員自身がいやいやでなく、組織目標に基づいた自己目標を自らが気持ちよくもち、課題を立てられるようになることを目指しましょう。

人事考課や評価を、年度末などになんとなく場当たり的にしている施設では、十分に話し合いができないまま形骸化してしまったり、陰で一面的に批判したり、最悪の場合はため込んだうっぷんをぶつけあう場になりかねません。これでは逆効果です。

国家公務員法や地方公務員法等では、人事考課は義務となっています。公立園では任用職員にも人事考課を行っています。私立園も無関係ではありません。「100%納得のいく制度はない」という覚悟のもと、管理職が初心を忘れずに進めていくことが大切です。厚生労働省「保育所における自己評価ガイドライン（2020年改訂版）」には、「業務の遂行に関わる行動・能力を"保育士等による自己評価"を用いて、結果の報告内容を運営主体が人事考課の際に参考として使用」することが推奨されています。そこで、次は、自己評価の活用と人事考課について、おさらいをしましょう。

## ② 自己評価の活用

自己評価を自分一人で行い、それだけで終わってしまうのはもったいないことです。保育所保育指針解説の「第1章　総則」の「3 保育の計画及び評価　(4) 保育内容等の評価」では、自己評価の活用について次のように示しています。

> 保育士等の学び合いとしての自己評価
> 　自己評価は、保育士等が個別に行うだけではなく、保育を行っている様子を保育士等が互いに見合ったり、子どもの行動の見方や自分の保育について話し合ったりするなど、保育士等間で行うことも重要である。保育士等が、それぞれの作成した指導計画を踏まえ、保育における意図や願いなどを相互に理解し尊重しながら率直に話し合う中で、自分では意識してい

151

なかったよいところや特色、課題などに気付いたり、子どもについての新たな見方を取り入れたりする。このような取組は、保育所における職員間の同僚性や職員全体の組織としての専門性を高めることにつながっていく。

（中略）自己評価を通じて、他者の意見を受け止め自らの保育を謙虚に振り返る姿勢や、保育に対する責任感と自覚など、組織の中で支え合って、学び合いを継続していく基盤が形成されることによって、保育士等の専門性の向上が図られる。

　自己評価をめぐって他の職員とやり取りを交わすなかで、様々な発見や学びがあります。自分にとってはあたりまえなことが、別の人には貴重なヒントとなったり、刺激になることもあります。自己評価を交わし合うなかで、先輩や仲間に相談ができたり、悩みを受け止めてもらえたりすることで安心感が生まれて、職場における孤立感の解消にもつながります。

　こうした自己評価の活用を、さらに、組織全体で行う「人事考課」と結びつけていくことによって、より一貫性のある評価を職員に伝えられるようになります。

## ③ 人事考課とは

　そもそも**人事考課**とは、一般的には、仕事の能力や業績を通して、組織の目標の達成に対する職員の貢献度を管理者が評価するものです。職員の昇進や昇給、配置転換、育成などの判断材料ともなります。人事考課の種類を大まかに分けると次の3つとなります。

①能力（どのような知識、能力、資格をもっているか）
②態度（どのような態度で取り組んでいるか）
③業績（与えられた目標をどのように達成しているか）

　これらを評価するにあたっては、「チェックリスト」「文章化」「対話」などが用いられます。ここで考えなければならないことは、保育における人事考課の目標とは一体何か？ということです。結論から言えば、「**子どもの理解**」を中心に据えながら「**保育の質**」を向上させることとなります。保育の質の向上という大きな目標から、日々の取り組むべき具体的な小さな目標へと落とし込んでいきます。たとえば、「子どもを『こんな子』と決めつけずに一人の同じ人間として尊重していますか」「子どもの前で傷つくようなことを言っていませんか」といった項目をチェックリスト化して、日常の保育でできているかどうかを確かめます。職員みんなが大切にすべき保育観に基づく子どもへの関わり方を、自己評価や人事考課によって適切な時期に振り返るのです。振り返りによって、自分の行動に迷いがなくなっていけば、より働きやすい職場となり、おのずとチームのパフォーマンスは良くなります。それが、ひいては保育の質の向上へとつながっていきます（図表4-7）。

◆図表4-7　チームのパフォーマンスを向上させる2つの視点

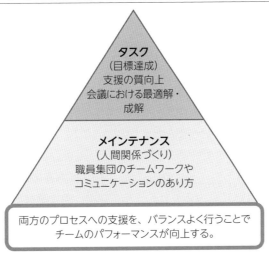

出典：鈴木健史「保育ファシリテーション入門講座——保育の語りの促進」資料より　2021年

**4** **きんかん保育園（仮称）の事例**

　人事考課を取り入れた私立園の事例を通して、評価についてどのようなことに気をつけるべきかを一緒に考えていきましょう。

**事例①**　**人事考課を始めてみたところ……**

　きんかん保育園が人事考課制度を導入したきっかけは、職員に対して行ったアンケートの声にありました。そこには、園長にとっては、残念ながら不本意な意見も並んでいました。
- 「管理職から自分のことをどう見てもらっているのか不安になる時があります」
- 「給与の規定をみてもよくわからなくて、経営者の気分で決まっているのではとも感じます」
- 「キャリアアップ（昇格や昇給等）の基準がわかるとモチベーションが上がると思います」
- 「年齢で賃金があがっていくのはありがたいけれど、見通しがわからなく疑問も感じます」

　そこで、思い切って人事考課制度を導入することにしました。実施してみた結果、職員の給与は総じてアップしました。ところが、園長の予想していなかった事態が起こります。なんと、職員のモチベーションは以前より低下してしまったのです。職場の空気は重く、以前よりも疲労感が漂うようになってしまいました。

　一体、現場ではどのようなことが起きていたのでしょうか。なぜ給料が上がったのに、職員の不満は消えないのでしょう。実は、きんかん保育園の人事考課のやり方は、あたかも一方的に渡される「通信簿」のようになっていました。

## 事例②　職員たちの消えないモヤモヤ

　きんかん保育園の人事考課のやり方は、次のようなものでした。まず、「子どもの声を生かしたクラス運営をしている」などの評価項目に対して、園長と主任を中心にA、B、C、Dのランク付けをします。次に、これらを集計して、5段階の総合評価を決定し、昇給ピッチ（幅）や賞与を決めます。評価の内容はトップシークレットです。面談などもありませんでした。

　職員は内心では「私はなぜ今回の賞与は36万円なのか」「なぜあの人は来年から安全衛生リーダーになって、私より処遇が1万円よくなるのか」とモヤモヤを抱いていますが、説明はしてもらえません。その結果、更衣室などでお互いの評価を「どうだった？」と気にする目が生まれました。また、「いくらだった？」と、駐車場や帰り道で不安げな表情で給料を確認し合う姿が見られるようになりました。

　職員が望んでいた客観的な評価（人事考課）を取り入れたのだから、職場は良くなっていくだろうと思っていた園長ですが、思わぬ展開に困ってしまいました。そこで、園長はあらためて職員にアンケートを取るとともに、一人一人の話を聞く機会を設けることにしました。

## 事例③　みんなの不安に気付いた園長

　アンケートには、こんな意見が並んでいました。
- 「評価されるために働いているわけではないですが、何をしても次から次へと指摘や課題を出されるように感じて疲れました」
- 「自分が甘いのかもしれないけれど、もう少しあたたかみのあるねぎらいや寄り添う姿勢があるとうれしい」
- 「子どもに対しての関わりや想いは素晴らしいと思うのですが、職員が大切にされていないと思うことが多い」
- 「もう少しだけ求める保育像をゆるくしてほしい。人材がいないのに求められることばかり増えてつらい」
- 「どうしたらできるか考えるというけど、できないものはできない」

　園長は、多くの職員たちが不安を抱えたまま働いていたことに驚くとともに、評価の難しさを実感しました。そして、職員一人一人の話を聞くうちに、みんなの言いたいことが徐々にわかってきました。職員たちが訴えていることは、単なる給料の多い少ないではなく、「現場（私）の課題をわかってほしいし、上の方が何を考えて（見て）いるのかわかりたい」という心情の問題が大きかったのです。

　そこで園長は、人事考課に面談を取り入れて、一対一で話を聞く機会を設けることにしました。また、アンケートの声を尊重して、子どもへの保育方針と同じように、職員にもあたたかい態度で接するよう心がけるようにしました。具体的には、「一人一人の心情を受け止めながら見守る」「認められることで自信をもちやりたい気持ちをもつ」ことを大切にしていきました。

人事考課で大切なことは、**制度設計と考課面談（評価面談）はセット**だということです。きんかん保育園がうまくいかなかったのは、面談をおろそかにしていた点にありました。人事考課の仕組みがあっても、お互いの真意が通わなければうまく機能しないのです。

そのため、考課する管理職が職員の話をしっかり聴くためのトレーニングをすることは、とても有意義です。**聴く技術**は様々にありますが、たとえば、相手の話の一部を「**オウム返し**」（繰り返し）をすることは、相手に聞いてもらっているという安心感を与えます。また、話し手がうまく言葉にできないことを、聞き手が「**意図と感情の明確化**」（言い換え）をすることは、話し手に「理解してもらえた」という喜びを届けます。職員の言葉尻にとらわれず、「言おうとしていること」の意味のレベルや気持ちのレベルで確認し、共感的に理解をすることが求められます。カウンセリングの基礎を築いた臨床心理学者のカール・ロジャースは、「**正そうとする前に、わかろうとせよ**」という言葉を残しています。面談は管理職が判決を下す場ではありません。職員にインタビューをする気持ちで臨みましょう。

きんかん保育園の考課面談では、自己評価と人事考課の評価のギャップの大きさは、良くも悪くも「**伸びしろ**」として、あたたかい目で見守り、話を聞くようにしました。言わば、「伸びしろ面談」です。「評価するぞ」という一方的なものではなく、「一緒にプロセスを確認しよう」という双方向的な取り組みを定期的に積み重ねることにしたのです。できたことやよかった姿勢など、喜びやうれしさを共有する場にしました。また、給与や役職や処遇改善などと関連する項目は、面談で一つ一つ説明していきます。単に○や×をつけるだけだったり、出来・不出来だけを見て判定したりすることは避けるようにしました。

## GOAL まとめ　効果と課題

人が行動を起こす背景には動機があります。動機は、大きく分けると2つの種類があるとされます。1つは「**外発的動機付け**」です。外的な報酬や目的（金銭や賞罰など）を求めることです。もう1つは「**内発的動機付け**」と言い、その行動をすること自体が報酬や目的となるような場合です。極端な例ですが、前者は給料を得るための手段として保育を行い、後者は保育そのものが楽しくてやっている、という具合です。もちろん、現実ではこのように簡単にわりきれるものではなく、どちらの動機付けにも限界があります。

きんかん保育園の最初の人事考課のように、処遇改善のみに終始してしまうと、それは外発的動機付けで人を動かそうとしていることになります。しかし、人はそれだけではモチベーションを保つことができません。一方で、「素敵な仲間がいるこの園でもっと働きたい」「保育の質をもっと上げたい」という職員の内発的動機付けだけに任せて処遇を放置していれば、やがて**燃え尽き**てしまいます。管理職は、処遇をしっかりと整えた上で、内発的動機付けを意識して育てていくことが重要です。

たとえば、管理職からの「おつかれさま」「がんばっていたね」といったねぎらい

や、「ありがとう」「楽しかったよ」といったいたわりの言葉がけは、お金では換算できない報酬です。職員にとっては明日もがんばろうと思うエネルギーの源になり、内発的動機付けを促します。職員のできなかったことに注目するのではなく、今できていることやこれからしようとしていることをポジティブに見るようにします。こうした「ポジティブ・アプローチ」を日々積み重ねていくことが大切です。

　また、人事考課を進めるにあたっては、評価に対するアレルギーを起こさないように下地作りも必要です。自己評価も人事考課も、保育にまつわるうれしさや楽しさを実感・共感できる場でないと、お互いに苦痛になりがちです。そこで筆者がおすすめするのが、ヒヤリハットならぬ「ジワリホット」です。ヒヤリハットは危機管理を行う取り組みですが、ジワリホットは、心が「ジワリ」とうれしくなったり、「ホット」あたたまる保育のエピソードを集める"よかったこと探し"です。同僚におすそ分けをする感覚で、「昨日こんなことがありました」と自然に報告できる機会を、管理者がさりげなく職員会議や研修会の際に設けます。職員が安心して発言できる職場の雰囲気を日々つくっていくことが、働きやすい職場へとつながり、保育の質を高める一歩となります。

## Work 1　悩み相談　自己評価が変わりばえしないのですが…

(所要時間15分)

　7年目の主任です。当園の自己評価は昔から使っているのですが、全職員が同じ自己評価表で出来た・出来ないを3段階評価していて、毎年変わりばえがしません。職員もなんとなくやっているようでこれでいいのかと不安になります。

▶ ステップ①　あなたの考えやアイデアを書き出してみましょう。

..................................................................................................
..................................................................................................
..................................................................................................
..................................................................................................
..................................................................................................

▶ ステップ②　考えたことやアイデアをもとにみんなで話し合ってみましょう。

..................................................................................................
..................................................................................................
..................................................................................................
..................................................................................................
..................................................................................................

自己評価は「相手を変えようとすること」ではなく「自分を知ろうとすること」が大切です。知るための手段として、今ある自己評価表を、目的を定めて、少しだけ修正できないかリーダー会などで話し合ってみましょう。たとえば、半期ごとに評価項目にメリハリをつけ、個人目標とクラス目標から優先した5項目で設定して実施します。管理職や職務分野別リーダーが用いる評価項目を追記することもあります。具体的な「エピソード」を書く「小スペース」を設けます。自己評価面談が「事情聴取レベル」ではなく「現場検証レベル」となり、リアルに再現して体験するなど、園内研修にも生かすこともできるようになります。

## Work 2　「よかったこと探しゲーム」をやってみよう

（所要時間15分）

自分の感情を適切に表現することが求められる保育者ならではの感性を磨いていきましょう。

**ステップ①**　「ありふれた日常探し」をして、「ありふれた日常」を一人につき1つ出します。

.........................................................................
.........................................................................
.........................................................................
.........................................................................

**ステップ②**　「ありふれた日常」のなかから、「よかったこと探し」を一人につき1つ出します。

.........................................................................
.........................................................................
.........................................................................
.........................................................................

**ステップ③**　順番に発表をします。よかったことが見つかっていたら拍手を贈ります。まだ見つかっていなかったらパスしたり、「有難いこと探し」をします。「笑顔になっておもしろかった」ことには「よかったこと特別賞」を贈ります。

.........................................................................
.........................................................................
.........................................................................

　「喜怒哀楽」は、どれも人間の大切な気持ちです。そこに優劣があるわけではないです。一方で、「喜」の気持ちは、ほうっておくと「これがあたりまえ」と慣れてしまったり、属人的になったりしやすいものです。「喜」のない気持ちは、健全なメンタルヘルスを保てず、ぽっかり穴の空いた心になります。イキイキとした職場感情をマネジメントするために、自己肯定的な「うれしさ」「よろこび」を感じる感性を磨き上げて強化し、保護者や子どもとも交換をしていきましょう。慣れてくると「がんばったこと探し」（思考面）「できたこと探し」（行動面）も上手になり、やりがいや楽しさがさらに広がっていきます。

## 『少女ポリアンナ』

エレナ・ポーター著（木村由利子訳）　KADOKAWA　2013年

　ポリアンナは、幼くして両親を亡くすなど世間的には不遇な子ですが、幸せを感じられる子でした。それは生まれもっての気質などではなく、あるゲームを学んだからです。それが「うれしいこと探しゲーム」です。保育所保育指針解説で「喜」の表現は169か所、保育所保育指針で16か所あります。1つの「本当の幸せ」に気付くためは、「ヒヤリハット」のように、ふだんから「ジワリホット」したウレシサのマネジメントが大切です（プレジャーマネジメント）。

# 第5章

## まとめにかえて

　本書では、保育専門職者としてのキャリア形成への自覚化と人材育成につながる当事者一人一人の自律性に基づく意識的な取り組みの必要性、そして、そこに向き合っていくための視点の提示を試みてきました。

　終章となる本章では、第1章から第4章までの学びを踏まえた上で、その具現化に向かうための視点や取り組みのありようについてまとめてみたいと思います。保育者のキャリア形成をマネジメントしていくにあたっては、次の3点が重要です。

　①保育専門職者として日々の仕事に「**手応え**」や「**やりがい**」を実感できるようしていくこと。

　②この国の乳幼児期の子どもの育ちや学びを保障するという社会的な使命を帯びた保育施設としての**組織的な保育力の向上**を目指すこと。

　③そのためのキャリア形成を支える当事者間の豊かな**関係の質**を育んでいくこと。

第1節

# 肯定的な評価・理解に努める組織風土づくりに向けて

## 1 保育所における自己評価ガイドライン「ハンドブック」に示された6つのポイント

　2020（令和2）年に改訂された「保育所における自己評価ガイドライン」ですが、時を同じくして保育内容等にかかる自己評価のありようを、効果的・効率的な実施の観点から分かりやすく解説した「**ハンドブック**」[1]も刊行されました。保育における「子どもの理解」を深め、全職員で共有していくための各園の「保育への手応えが生まれ、保育がより楽しくなる評価」をサポートできるように企図されたものです。

　「子どもにとってどうなのか」という視点から、常に保育のありようを個人で、また組織として振り返ることの必要性が謳われています。図表5-1に示されている通り、子どもという存在を肯定的に捉えていくことを前提とし、職員間の対話を重視しつつ、以下に示す6つのポイントを押さえながら子どもの理解の深化を図っていくのです。

> ①明日の保育に向けた日常的な記録・計画の活用
> ②会議やミーティングの工夫
> ③既存の評価項目を用いる際の留意点と工夫
> ④園長・主任の役割
> ⑤保護者や地域との連携
> ⑥園内研修、外部の研修や評価などの活用

◆図表5-1　子どもの理解を深めていくための職場の環境づくり

出典：厚生労働省「保育をもっと楽しく　保育所における自己評価ガイドライン　ハンドブック」2020年　p.5

図表5-2に記載されているように、保育者からすればこの自己評価を通して「どんどん良くなる！」「手応えが生まれる！」、そのような実感が生まれることが明日の保育へのモチベーションにもつながっていきます。このことを実現していくためにも、「肯定的な評価・理解に努める組織風土づくり」を意識的にマネジメントしていく必要があります。そのためにも、まずは職員同士の「関係の質」を高めていくことが必要です。

## 2　豊かにすべきは「関係の質」

組織の成功循環モデルを提唱しているダニエル・キム（2001）によれば、**チームワークの本質は、職場における関係性の質に左右される**と指摘しています（図表5-2）。

「**④結果の質**」にとらわれすぎる場合、職員同士は互いの「できたか・できなかったか」に関心の目がいき、管理職をはじめとする職員間の関係や取り組んできた保育実践や業務の過程よりも、その職員が生み出した結果のみに着目するような関係になりがちだとの指摘です。

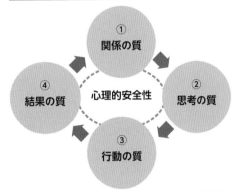

◆ 図表5－2　組織の成功循環モデル

出典： Daniel Kim「WHAT IS YOUR ORGANIZATION'S CORE THEORY OF SUCCESS?」https://thesystemsthinker.com/what-is-your-organizations-core-theory-of-success/（最終閲覧日：2022年11月25日）を参考に筆者作成

結果、「**①関係の質**」は劣化し、安心して自分の考えや意見を表明しにくくなってしまう。これに伴い、何かをクリエイティブに考えたり、新しいアイデアを生み出す意欲もなくなり、いつの間にか思考停止の状態、つまり「**②思考の質**」の劣化が起きてしまい、最終的には「**③行動の質**」にもネガティブな影響が出てしまう。当然のことながら、「**①関係の質**」はさらに劣化してしまうといった負のスパイラル構造ができてしまうといった指摘です。

こうした状況に陥らないためにも、「**心理的安全性**」を十分に保障していくことを前提とし、まずは管理職をはじめとする職員同士が互いの存在を肯定的に受け止め、「**①関係の質**」の向上を組織的に図っていくことをマネジメントしていくことが重要となります。「**①関係の質**」が改善・向上すれば、自ずと「**②思考の質**」や「**③行動の質**」の向上につながり、「**④結果の質**」も高まっていく。さらには職員間の「**①関係の質**」がさらに向上し、組織的な保育力の向上がもたらされるという

写真①「あなたの "いいね👍" ポイント探し！」で職員間の肯定的な関係性づくりに取り組もう：紅葉幼稚園

考え方です。

　近年、職場の人間関係を理由に離職する保育者が多いとの指摘もありますが、むしろ人間関係は多様であった方が、保育は豊かになる場合もあります。再考すべきは、保育専門職としての信頼関係構築のために、管理職のみならず、全職員がそれぞれの立場で自分の思いや直感を言葉にして発信できる環境を整えていくという点にあります。自己評価の取り組みをきっかけとして、職員間での「対話」による情報や理解の共有が可能となるよう、「気軽に、誰もがほっとした気持ちで子どものことや保育のことを話せる場」づくりに皆が参画し、「肯定的で風通しの良い職場の環境」づくりに全職員で取り組んでいく必要があります[2)]。その先に、「どんどん良くなる！」「手応えが生まれる！」、まさにこのことを実感できる組織が生まれてくるのです。

## 第2節　やりがいのある保育現場を目指して

### 1　保育の共通の目標と課題

　「保育所における自己評価ガイドライン（2020年改訂版）」は、「子どもが現在を最も良く生き、望ましい未来をつくり出す力の基礎を培う」[3)]という全国共通の保育目標に向かうため、個人及び組織での自己評価のあり方を示しています。自己評価を通して足元を振り返り、目標へ向き合うことが大切であることは、本書で何度も指摘しました。最後に強調したいことは、**保育の質の向上と職場の働きやすさは、別々なものではなく、つながっている**ということです。

　「保育の現場・職業の魅力向上に関する報告書」（保育の現場・職業の魅力向上検討会）には、国が求めたパブリックコメント（意見公募）に対し、保育現場や保育者養成校で学ぶ学生などから2,613件もの生の声が寄せられました。それによると、保育士等個人のやりがいは**「子どもとの関わり・成長実感」**が大多数を占めており、保育施設で働く場所の魅力としては、**「労働環境」**が最も重要であることがわかりました。さらに、保育士という職業や働く場所としての保育所の魅力向上のために取り組んでいることや取り組みたいこととしては、風通しのよい職場になるように**「人間関係・チームワーク」**の改善が最多となっています。人間関係は、どの園にも共通する大きな課題と言えるのではないでしょうか。

### 2　「心理的安全性」を大切に

　職場の人間関係の鍵となるのは、先に挙げた**「心理的安全性」**です。心理的安全

性とは、文字通り、心の安全性であり、雰囲気や人間関係の安全性のことです。簡単に言えば、組織のなかで自分の考えや気持ちを安心して発言できる状態かどうかです。これは目に見えない無形の資源であり、上から与えられるものではありません。それゆえ、心理的安全性がない職場ではタネをまいてみんなで育てていかなければ得られませんし、仮に現在はあったとしても、放置していると失うおそれもあります。定期的に意識して確認できるように、自己評価に組み込み、仕組みとして活用していくことが求められます。

　たとえば、クラス内で同僚が排泄の介助をスムーズにできていないのを見た時などに、「何でうちの園の保育者は基本的なトイレトレーニングも満足にできないの？」と不満に思うことがあるかもしれません。しかしながら、そうしたなかでも、「事前事後や関わりのなかでの声かけはできていた」などと、小さくとも良いところを見落とさず探そうとすることはできます。そうした態度で職員同士が関わり合うことによって、「今さら聞けないんですけど……」「実はこんなことが……」と、報連相がしやすくなります。結果として、事故やトラブルを未然に防ぐチームワークや、働くことで得られる果実（やりがいや働きやすさなど）も大きなものとなります。

　職場に働きやすい状態（相互作用の機能）がないと、保育の質（子どもの最善の利益）は保障されないと言ってもよいでしょう。心理的安全性を築くためには「グッドサイクル」（図表5-2）における**関係の質**を起点に、スモールステップより小さなベビーステップで、ベビーサイズの対話を職場のそこかしこで発生、継続させ回し続けることが大切です。

　研修会や自己評価、職員会議などのノンコンタクトタイムのみならず、保育中のコンタクトタイムや短時間でも、できることはあります。たとえば「どう？」「ありがとう」といったなにげない言葉がけや、「**アイコンタクト**」（目を合わせる）「**フェイスコンタクト**」（顔を合わせる）などの言葉以外のコミュニケーションが大切です。

## ③　チームワークとコンプライアンスの2本柱

　保育の質と働きやすさを両立させるための柱は、内部の「チームワーク」の1本だけでは足りません。外部から風通しのよさをもたらす「**コンプライアンス**」というもう1本の柱が必要です。コンプライアンス（法令遵守）は労働環境と直結しています。たとえば、出産・育児・介護等の休暇・休業は、職場により取得の有無や、取得のしやすさにバラツキが見られます。育児等の休暇・休業は、所定労働時間、年次有給休暇、法定休日などと同じように、法令による定めがあります。シフトやクラス編成、人員配置の心配が優先されてしまい、法令遵守が後になると、職場の風土に影響が出ます。心理的安全性は失われていき、職員は同僚の目や職場の雰囲気を気にしてしまい、やがて周りのみんなに合わせて振る舞うようになります。

　「保育の現場・職業の魅力向上に関する報告書」には、「今までブラックな体質文

化であった保育の仕事、職場環境を抜本的に改革し、限りなくクリーンな状態を目指し、一つの到達点に至りました」という現場の声が書かれています。管理職や経営者は、コンプライアンスから逃げてはなりません。保育施設の自己評価で気付きを得て、職員一同でふだんからコンプライアンスにも向き合い、投げ出さずに、働く職員のために、また何より子どもにとっての保育環境・職場環境をアップデートし続けようとすることが大切です。

• • •

　以上、日々、「**手応え**」や「**やりがい**」を実感できる保育者集団（チーム）としての組織的な保育力の向上、そこに紡ぎ出される保育専門職者としてのキャリア形成マネジメントに向けた取り組みが、今後も弛みなく続けられていくことを願うばかりです。
　そして、保育者のキャリア形成を軸とした未来志向的な保育の取り組みにつながる、保育現場、行政、そして保育者養成校等すべての当事者間における協働をもたらすきっかけづくりとして本書を活用いただければ幸いです。

**引用文献**

1) 厚生労働省「保育をもっと楽しく　保育所における自己評価ガイドライン　ハンドブック」2020年
2) 前掲1　p.4
3) 厚生労働省「保育所保育指針」2018年

# 編著者・執筆者一覧

## 編著者

那須 信樹（なす のぶき）（中村学園大学 教授）················ 第2章・第5章第1節

## 執筆者（五十音順）

飯田 美和（いいだ みわ）（舞鶴市乳幼児教育センター 所長）·············· 第4章第5節

猪熊 弘子（いのくま ひろこ）（名寄市立大学 特命教授）················· 第3章第5節

太田 光洋（おおた みつひろ）（長野県立大学 教授）·················· 第3章第6節

北野 幸子（きたの さちこ）（神戸大学大学院 教授）················· 第4章第6節

興水 基（こしみず もとい）（学校法人めぐみ学園 阿久根めぐみこども園 理事長・園長）······ 第4章第1節

鈴木 健史（すずき けんじ）（東京立正短期大学 准教授）············ 第1章・第3章第7節

鈴木（松本）涼子（すずき（まつもと）りょうこ）（社会福祉法人清香会 中野りとるぱんぷきんず マネジメントリーダー）
·········································· 第4章第4節

須藤 麻紀（すどう まき）（東京立正短期大学 准教授）················ 第3章第8節

関山 浩司（せきやま こうじ）（社会保険労務士法人こどものそら舎 代表）········ 第4章第7節・第5章第2節

富山 大士（とみやま ふとし）（こども教育宝仙大学 教授）·············· 第4章第3節

細井 香（ほそい かおり）（東京家政大学 教授）·················· 第3章第4節

牧野 彰賢（まきの あきたか）（社会福祉法人ほうりん福祉会 寺子屋まんぼう 園長）······· 第4章第2節

牧野 まき子（まきの まきこ）（社会福祉法人ほうりん福祉会 寺子屋大の木 園長）······· 第4章第2節

守 巧（もり たくみ）（こども教育宝仙大学 教授）················· 第3章第3節

脇 信明（わき のぶあき）（長崎大学 准教授）··················· 第3章第2節

和田 美香（わだ みか）（東京家政学院大学 准教授）················ 第3章第1節

## 写真提供協力園（五十音順）

学校法人恵光学園 くさみ幼稚園

学校法人福岡幼児学園 紅葉幼稚園

学校法人めぐみ学園 阿久根めぐみこども園

社会福祉法人上名福祉会 つるみね保育園

社会福祉法人清香会 中野りとるぱんぷきんず

社会福祉法人清遊の家 うらら保育園

社会福祉法人那の津会 えんぜる保育園

社会福祉法人ほうりん福祉会 寺子屋大の木

社会福祉法人行橋むつみ会 むつみ保育園

 編著者紹介

## 那須 信樹
（な す のぶき）

中村学園大学教育学部児童幼児教育学科教授。

熊本県生まれ。中村学園大学付属あさひ幼稚園教諭・同主任・同園長、東京家政大学子ども学部教授並びに同大学かせい森のおうち（保育所）副園長を歴任。専門は保育者養成教育、保育学、幼児教育学。厚生労働省「保育士のキャリアパスに係る研修体系等の構築に関する調査研究協力者会議」構成員、「保育士等キャリアアップ研修をeラーニングで実施する方法等に関する調査研究協力者会議」座長、「『保育所における自己評価ガイドライン【改訂版】（試案）』の試行検証に関する調査研究事業」調査責任者、「保育の現場・職業の魅力向上検討会」構成員等を歴任。

### ◆主著

『気がるに園内研修スタートアップ――みんなが活きる研修テーマの選び方』（著者代表）わかば社 2020年
『保育士等キャリアアップ研修テキスト7　マネジメント　第2版』（編著）中央法規出版　2020年
『保育者論』（共著）ミネルヴァ書房　2019年
『保育実習指導のミニマムスタンダードVer.2』（共著）全国保育士養成協議会　2018年
『手がるに園内研修メイキング――みんなでつくる保育の力』（著者代表）わかば社　2016年　ほか

### 保育者のためのキャリア形成マネジメントブック
#### ―手応えを実感できる組織的な保育力の向上を目指して―

2023年4月7日　初版第1刷発行

| | |
|---|---|
| 編 著 者 | 那須　信樹 |
| 発 行 者 | 竹鼻　均之 |
| 発 行 所 | 株式会社みらい |
| | 〒500-8137　岐阜県岐阜市東興町40番地　第5澤田ビル |
| | TEL 058 - 247 - 1227　FAX 058 - 247 - 1218 |
| | https://www.mirai-inc.jp/ |
| 印刷・製本 | 西濃印刷株式会社 |
| 装丁・本文デザイン | 松田　朋子 |
| 装画・イラスト | 照喜名　隆充 |

ISBN 978 - 4 - 86015 - 586 - 5　C3037
Printed in Japan